GLI AQUILONI

Collana di scritti dimenticati o smarriti

Fondazione Comandante Libero

SERGEJ SOROKIN

LA STELLA GARIBALDI
MEMORIE DI UN PARTIGIANO SOVIETICO IN ROMAGNA
(1943 – 1945)

Adattamento letterario originale di
VALENTIN ÛŜENKO

A cura di
NICOLA FEDEL

Introduzione di
MARCO RENZI

FONDAZIONE RICCARDO FEDEL – COMANDANTE LIBERO

GLI AQUILONI

Titolo originale: Звезда Гарибальди. Смелость – Отвага – Мужество | *Zvezda Garibaldi. Smelost' – Otvaga – Mužestvo*

1969 Центрально-чернозёмное книжное издательство, Воронеж | Central'no-černozëmnoe knižnoe izdatel'stvo, Voronež

Traduzione dal russo a cura di Ester Tornese (Eurologos-Trieste).

Per la traslitterazione dal cirillico abbiamo utilizzato lo standard ISO 9 1995, che ha il vantaggio di far corrispondere ad ogni carattere cirillico un univoco carattere latino. Quando differente dalla traslitterazione c.d. "scientifica", abbiamo aggiunto quest'ultima in nota o tra parentesi quadre, perché ancora molto diffusa. Tra parentesi quadre (sia nel testo russo che in quello italiano) abbiamo inserito, in pedice, il riferimento al numero di pagina dell'edizione originale – in corrispondenza della fine-pagina, nel modo seguente: [p. 99] – per agevolarne eventuali citazioni.

Ringraziamo Tatiana David per il contributo fornito, ancora nel 2009, ad una prima comprensione del testo.

Prima edizione: dicembre 2013
ISBN 978-88-906018-3-5
© **2013 Fondazione Comandante Libero, Milano**
Tutti i diritti riservati

www.comandantelibero.org

Il testo che pubblichiamo è la traduzione italiana del libro di memorie che Sergej Nikolaevič Sorokin (ufficiale dell'Armata Rossa deportato in Italia e divenuto partigiano in Romagna col nome di battaglia di *Sergio*), pubblicò in Unione Sovietica nel 1969, per i tipi della casa editrice di Voronež, in collaborazione col romanziere russo Valentin Ûŝenko, cui va probabilmente riconosciuto il ruolo di *ghostwriter*.

Nel 2005, Marco Renzi (al quale abbiamo chiesto di presentare la pubblicazione) ne scoprì l'esistenza e, con grande generosità, mise a disposizione della Fondazione Comandante Libero il testo, consegnandone nel 2009 una fotocopia a Giorgio Fedel.

L'Istituto Storico della Resistenza di Forlì-Cesena, entrato in possesso dello scritto nel 2008 (per merito da loro ascritto alla ricercatrice Nadia Tampieri), non lo giudicò «di qualità tale da essere pubblicato e approfondito attraverso ulteriori studi e ricerche»[*].

Noi abbiamo deciso altrimenti, sia per l'inestimabile valore di testimonianza su un periodo scarsamente documentato della Resistenza romagnola, sia per il non comune valore letterario dello scritto, rilevante anche per valutare quanto e come alla mitopoiesi della Resistenza italiana abbia contribuito l'*intellighenzia* sovietica.

Offriamo dunque questo "diario di *Sergio*" agli studiosi e agli appassionati, con il testo originale russo a fronte e con un apparato critico che abbiamo volutamente mantenuto il più snello possibile (qualche nota del traduttore; alcune note biografiche sui personaggi citati che siamo riusciti a identificare e poco altro): l'obiettivo era infatti quello di facilitare e accompagnare la lettura, senza fornire particolari chiavi interpretative.

Milano, 21 dicembre 2013
FONDAZIONE RICCARDO FEDEL – COMANDANTE LIBERO

---

[*]Nella «Premessa» al documento dell'Istituto storico forlivese indirizzato all'assessore alla cultura del Comune di Santa Sofia, datato 6 luglio 2009, in preparazione di un convegno sull'8ª brigata, si legge: «Nel programma 2008 era previsto, a Santa Sofia, nel mese di giugno, un convegno sugli slavi [sic] nella Resistenza italiana. L'iniziativa si collegava al ritrovamento a Mosca da parte di Nadia Tampieri dei diari di Sergio Sorokin, partigiano dell'8^ brigata e di altri partigiani della 36^ brigata Bianconcini. I diari sono stati tradotti e quello di Sorokin non è stato giudicato di qualità tale da essere pubblicato e approfondito attraverso ulteriori studi e ricerche» (ARCHIVIO FONDAZIONE COMANDANTE LIBERO, Milano).

Introduzione

di Marco Renzi

«La chiave della vita – scrive Sergej Sorokin – è nelle nostre stesse mani». Così come il futuro è nelle nostre radici storico-culturali. È per questo che ho percorso qualche anno fa i sentieri della Seconda guerra mondiale, sui crinali tra Toscana, Marche ed Emilia-Romagna, dove gli strateghi tedeschi posizionarono i tornanti di un tratto della Linea Gotica. Per sapere, per capire, focalizzare e rispondere – essendo maestro di scuola – a chi chiedeva ragione del perché il nome di due giovani partigiani è scolpito all'ingresso della scuola di Badia Tedalda. Di lì, di storia in storia, si è ricomposto un *puzzle* dove stanno dentro altre dieci e cento storie di "ribelli", contadini, massaie, civili e bambini che vissero sulla propria pelle i segni del passaggio degli eserciti in guerra.

La Linea Gotica, dunque: un progetto imponente, solo parzialmente realizzato, che aveva l'obiettivo di opporre all'avanzata degli eserciti anglo-americani, tra il 1943 e il 1944, un micidiale sbarramento di trincee, *bunker*, postazioni per mitragliatrici, passaggi obbligati funzionali ad agguati e repentini colpi di mano, con l'adozione della "guerra del centimetro" imposta da Kesselring. Le vicende della Seconda guerra mondiale sono ricche di fatti e antefatti, di eventi drammatici, di gesti eroici, di ingarbugliate ed oscure azioni belliche che si annodano alla presenza delle fortificazioni: politica del terrore, azioni punitive, rastrellamenti, deportazioni, stragi. Sono le cento e più chiavi che ci consentono di capire oggi chi siamo e che ci permettono di coltivare con interesse i valori della libertà e della democrazia. Principî che non si affermarono a caso, ma che furono conquistati con l'immenso costo delle vite di civili e di patrioti immolati sull'altare dell'antifascismo.

Per questo, otto anni fa, il percorso di ricerca di paese in paese, da microstoria a microstoria, nelle famiglie e con le

persone, di memoria in memoria, incrociai, quasi per caso, il diario di Sergej Sorokin (*Sergio*). Fu Boris Lotti a restituirmi l'indizio di una presenza, la certezza di uno scritto che i figli di Sorokin conservavano in Russia: il diario del padre, comandante partigiano (*Sergio*, scappato da un campo di internamento nel Nord Italia, fu comandante del terzo distaccamento, terzo battaglione dell'8ª brigata in Romagna; operò prevalentemente in provincia di Forlì, tra il Passo dei Mandrioli, il Monte Fumaiolo e, in terra toscana, ai confini delle foreste di Camaldoli). Un libro mai giunto in Italia, che narrava un capitolo importante dell'epopea resistenziale romagnola, sui calanchi che furono il teatro di aspri scontri, di fame, di soprusi e di tragedie ancora oggi in parte incomprensibili agli storici e in parte emerse da indagini "casa per casa".

Non è questo il luogo per addentrarsi nelle complesse strategie adottate dall'esercito tedesco e dai comandi fascisti, o per affrontare il mai sopito dibattito interpretativo sulle storie e sui profili dei partigiani. Ciò nonostante, per semplificare e avviare alla comprensione dell'operazione editoriale di straordinario interesse voluta da Nicola Fedel, mi limiterei ad una breve citazione casualmente fornita da un anonimo partigiano, scomparso a pochi giorni dalla Liberazione, riportata da Domenico Gallo e Italo Poma nel volume *Storie della Resistenza* alla voce «Partigiani»:

> Ce ne sono di tutti i tipi: comunisti e cattolici, socialisti e liberali, anarchici e trotzkisti, giellisti e monarchici, leali e opportunisti, coraggiosi e vigliacchi, decisi e attendisti, generosi e scaltri, onesti e ladri, giovani e vecchi, eroi e doppiogiochisti, consapevoli e no, con scarpe e senza scarpe, vestiti come soldati e come pagliacci. Combattono una delle diecimila guerre che l'uomo ha scatenato su questa terra e pensano di essere dalla parte della ragione.[i]

Sergio (nome italianizzato dal russo Sergej), recita

---

[i] DOMENICO GALLO – ITALO POMA, *Storie della Resistenza*, Sellerio, Palermo, 2013, p. 59.

brevemente la sua "biografia" di resistente in Romagna, fu «partigiano dalla fine del '43 nel gruppo brigate Romagna. Da maggio al 10.10.1944 è comandante del 3° distaccamento, 3° battaglione dell'8.a brigata»[ii].

Righe inspiegabilmente avare, se non altro perché non restituiscono la cifra di una presenza di grande interesse nella Resistenza in Romagna. Dopo aver combattuto in Russia, negli eserciti della Stella Rossa, i soldati sovietici furono deportati in Italia e qui, una volta elusi i ferrei controlli dei campi di internamento, furono abilmente inseriti – autunno-inverno 1943 – nei costituenti gruppi partigiani. La loro esperienza militare era merce rara. Merce scambiata come il testimone di una staffetta da un paese all'altro, da collaboratori partigiani ad altri, nascosti dalle barbabietole per attraversare Ferrara e in compagnia di solerti "amici" come Mario, Bruno, padre Rico. Fino a giungere nel forlivese e da qui salire sulle montagne.

Sergio e i "suoi" uomini ebbero un ruolo importante, incisivo, controverso e non sempre positivamente descritto o codificato nei rapporti ufficiali dei comandi partigiani. Il distaccamento dei russi, prima, durante e dopo il grande rastrellamento dell'aprile '44, visse anche di luce propria, non completamente subordinato ai quadri di direzione dei partigiani romagnoli e per certi versi fu una presenza ingombrante. Tuttavia, sulla scacchiera delle operazioni militari patriottiche e sugli effetti che queste ebbero durante il passaggio del Fronte, la storia di Sergio e dei suoi compagni merita un posto di rispetto nella storia resistenziale. E il diario qui pubblicato ha il pregio – tra l'altro – di portare alla luce vicende collocate fuori dalla "memoria", offrendo numerosi spunti per la ricostruzione complessa e minuziosa degli eventi bellici già sviscerati dalla storiografia "ufficiale".

Come fu possibile che un documento così importante sia sfuggito a ogni prova di recupero per oltre quaranta anni?

[ii] ISTITUTO STORICO DELLA RESISTENZA DI FORLÌ, *L'8.a Brigata Garibaldi nella Resistenza*, a cura di DINO MENGOZZI, 2 voll., La Pietra, Milano, 1981, II, p. 197.

O probabilmente tentativi vi furono, ma non andarono a buon fine? Non sappiamo e forse non è questo che conta. Posso però offrire al lettore la sintesi di come, quasi casualmente, mi capitò fra le mani lo straordinario "cirillico" che porta il titolo di *La stella Garibaldi*.

Da circa cinque anni stavo al Fronte. Cinque anni di indagini, di interviste, di acquisizione di migliaia di documenti, letti e riletti, sovrapposti e decifrati. Letture che ebbero come principale obiettivo quello di chiarire come e perché le nostre montagne furono macchiate di inaudite stragi di civili. Tragedie che, per quanto vi fosse già una cospicua messe di scritti storici, si prestavano a diverse interpretazioni ed avevano aspetti sconosciuti: per esempio le stragi di Fragheto (7 aprile '44), di Tavolicci (22 luglio '44) e la strage del Passo del Carnaio (25 luglio '44)[iii].

Le stragi nazi-fasciste sono connesse alla presenza delle formazioni partigiane, alle loro azioni, anche se ogni evento va letto sulla base del contesto di riferimento, sia locale che generale, tenendo conto delle strategie dei generali tedeschi, del periodo e della "vicinanza" degli eserciti alleati, dei reparti e delle persone coinvolte, nonché della fitta rete di rapporti tra civili e i presidi tedeschi e fascisti.

I ritardi, i sabotaggi e l'incalzare dell'esercito anglo-americano posero i comandi tedeschi, che sovrintendevano il territorio scelto per il passaggio della Linea Gotica, in grave stato di agitazione; d'altra parte lo stesso Hitler aveva dichiarato che lo sfondamento avrebbe portato conseguenze incalcolabili.

Le popolazioni avrebbero dovuto attenersi scrupolosamente agli ordini tedeschi. In primo luogo: contrastare la presenza partigiana. Ma questa, che specialmente

---

[iii] Cfr. MARCO RENZI, *La strage di Fragheto (7 aprile 1944). Nuove verità, reticenze, contraddizioni*, Società di studi storici per il Montefeltro, San Leo, 2007; ID., *Appennino 1944: arrivano i lupi! Atti e misfatti del IV battaglione di volontari nazifascisti fra Toscana, Marche e Romagna*, Il Ponte Vecchio, Cesena, 2008; ID., *Tavolicci 22 luglio 1944. Protagonisti e retroscena di una strage nascosta*, Il Ponte Vecchio, Cesena, 2008.

dal mese di maggio andava costituendosi anche in questa zona dell'Appennino tra Tevere, Foglia, Marecchia e Savio, come una reale forza di combattimento in grado di arrecare seri danni ai presidi nazifascisti – agguati alle guarnigioni meno difese, assalti ai convogli in transito, interruzione delle vie telefoniche, danni ai ponti, sostegno ai renitenti – divenne una minaccia costante.

Le ricostruzioni storiche, quindi, andavano corroborate da un intreccio, il più particolareggiato possibile, con i fatti che videro come protagonisti i partigiani, con la storia dell'8ª brigata, dei suoi distaccamenti, dei suoi comandanti che furono chiamati a fare anche scelte difficili e, in talune occasioni, prive di scrupoli.

Non fu facile. Specialmente quando i racconti orali – debitamente considerati nella pienezza delle difficoltà che la memoria presenta a distanza di tempo, diventando instabile o non più precisa – non convergevano su ciò che la storiografia "ufficiale" dava per assodato. Occorreva dunque fare un'opera lunga e paziente di comparazione, di confronto, di osservazione in controluce di ogni singolo episodio, ancorandolo a elementi documentati presso gli archivi. Per poi ricostruire "quadri" filologicamente coerenti.

Anche il diario-racconto di *Sergio* presenta talune incertezze. Frutto con molta probabilità della rielaborazione mnemonica che col tempo dilata i contorni, aggiusta e sistema tasselli scoloriti. Tuttavia, la trama conferma dati acquisiti e, con i debiti collocamenti temporali, fornisce un insieme di puntualizzazioni e di particolari storici sconosciuti. Gli attacchi alle guarnigioni di San Piero in Bagno e l'uccisione del Commissario prefettizio Italo Spighi, per esempio (azione compiuta il 17 gennaio 1944). O l'assalto alla caserma dei carabinieri di Galeata (nella notte tra il 22 e il 23 febbraio 1944). Grazie a *Sergio*, possiamo oggi entrare negli aspetti reconditi di quegli assalti, quasi visualizzando fotogrammi in bianco e nero, proiettati nel tempo. Fino a ieri, potevamo basarci quasi esclusivamente sui resoconti ufficiali di parte fascista, sui rapporti dei comandi repubblicani e tedeschi e sulle superstiti relazioni delle attività operative partigiane.

Sullo sfondo della narrazione, quasi a cesello, mancano due importanti "capitoli", forse volutamente obliterati dall'autore perché non in linea con lo spirito patriottico ed epico che permea il testo o perché "ingombranti" nella limitatezza dello spazio a disposizione: il ruolo e l'esito della partecipazione della compagnia dei russi il giorno 7 aprile 1944 alla cosiddetta battaglia di Calanco (che fu il preludio alla strage di Fragheto) e la scomparsa del comandante *Libero* (Riccardo Fedel), a cui *Sergio* dedica più momenti nel diario[iv]. Il figlio Lionel affermava che il manoscritto, dal quale fu tratto il diario poi andato in stampa, aveva una composizione più ampia.

Non va dimenticato che, in Russia, il "diario di *Sergio*" fu pubblicato nel 1969, quando erano ancora forti i canali politici con una parte del panorama partitico italiano. E qui, in Italia, dove la storia della Resistenza annodava i capitoli dei capisaldi politici di sinistra, ogni fatto raccontato andava letto in controluce. Il grande rastrellamento della primavera del '44, tanto per fare un cenno, che coinvolse un ampio ventaglio di azioni concentriche tra Casentino, valle del Marecchia, valle del Savio, Falterona – con oltre 5000 uomini tedeschi ed italiani in assetto di guerra – provocò, anche se non in maniera definitiva, la repentina disfatta di quella compagine che di lì a poco diventerà l'8ª brigata. Scatenando, nel contempo, belluina ferocia sulle popolazioni inermi, in ottemperanza agli ordini e in virtù della clausola d'impunità per l'esercito di Kesselring. Un dramma epocale che segnò e segnerà per molto tempo le popolazioni, consegnando ai posteri una memoria inevitabilmente "divisa". La colpa, nella maggior parte dei casi,

---

[iv] Sulla battaglia di Calanco, cfr.: MARCO RENZI, *L'immagine e la storia. Approfondimenti sull'infermeria delle Capanne e sull'eccidio del ponte Otto Martiri* in IVAN TOGNARINI (a cura di), *L'Appennino del '44. Eccidi e protagonisti sulla linea gotica*, Le Balze, Montepulciano, 2005; ID., *La strage di Fragheto* cit. Sulla vicenda del comandante *Libero*, cfr: NATALE GRAZIANI, *La prima Resistenza armata in Romagna. Autunno 1943, primavera 1944*, Fondazione Comandante Libero, Milano, 2010; GIORGIO FEDEL, *Storia del Comandante Libero. Vita, uccisione e damnatio memoriae del fondatore della Brigata partigiana romagnola*, Fondazione Comandante Libero, Milano, 2013.

fu assegnata proprio a loro, ai partigiani, rei di aver "molestato i lupi" calati dalla Foresta Nera.

Oltre a Boris Lotti, a cui si deve la segnalazione della presenza del "diario di Sergio", va ricordata Nadia Venturini, compagna di Sorokin, e il loro figlio Lionel Sorokin, il "gancio" tramite il quale è stato possibile acquisire materialmente copia del testo.

Il ritrovamento del diario fu un evento. Un evento che, per quanto la riservatezza fosse consolidata nelle mie ricerche, non passò inosservato. Tant'è che quando mi recai presso l'abitazione di Nadia per vedere per la prima volta il prezioso documento, mi sorprese il fatto che, il giorno prima, già alcune copie del diario fossero state richieste e acquisite da storici forlivesi e ravennati.

A conclusione di questi brevi pensieri, non posso che ringraziare fraternamente Nicola e Giorgio Fedel per almeno due motivi. Prima di tutto per avermi dato la possibilità di partecipare con questa introduzione alla presente opera. In secondo luogo, per aver posto l'attenzione, con generosità e intelligenza storica, verso un documento importante che, senza il loro contributo, probabilmente sarebbe rimasto ancora ignorato nel panorama storiografico resistenziale italiano.

A loro i miei complimenti.

Sestino, 16 dicembre 2013

ЭТА КНИГА — ВОСПОМИНАНИЯ

СЕРГЕЯ СОРОКИНА, УЧАСТНИКА

ДВИЖЕНИЯ СОПРОТИВЛЕНИЯ,

УДОСТОЕННОГО ВЫСШЕЙ

ПАР¬ТИЗАНСКОЙ НАГРАДЫ ИТАЛИИ.

Queste sono le memorie

di Sergej Sorokin, che prese parte al movimento della Resistenza

e fu insignito

della più alta onorificenza partigiana italiana.

ЗВЕЗДА ГАРИБАЛЬДИ

[Foto con didascalia:] Сергей Сорокин

LA STELLA GARIBALDI

[Foto con didascalia:] Sergej Sorokin

[riproduzione del testo della copertina originale]

Сергей Сорокин

ЗВЕЗДА ГАРИБАЛЬДИ

Литературная запись

Валентина ЮЩЕНКО

СМЕЛОСТЬ • ОТВАГА • МУЖЕСТВО

ЦЕНТРАЛЬНО-ЧЕРНОЗЁМНОЕ
КНИЖНОЕ ИЗДАТЕЛЬСТВО
ВОРОНЕЖ – 1969

Sergej Sorokin

LA STELLA GARIBALDI

ARDIMENTO • CORAGGIO • AUDACIA

Adattamento letterario di

Valentin Ûšenko

[riproduzione del frontespizio dell'opera originale]

Central'no-Černozëmnoe
Knižnoe Izdatel'stvo
Voronež – 1969

Наш земляк Сергей Николаевич Сорокин юным комсомольцем попал в плен, бежал из концлагеря, вступил в 8-ю партизанскую бригаду имени национального героя Италии Джузеппе Гарибальди. Там он стал командиром русско-славянской группы. Его грудь украшает теперь высшая награда итальянского движения Сопротивления — Звезда Гарибальди.

Меня не могла не взволновать судьба нашего современника. Поэтому я и принялся записывать его воспоминания о далеких годах сражений против фашистов в итальянских горах. Теперь предлагаю их своим читателям.

Валентин Ющенко.

Il nostro connazionale [cittadino russo sovietico] Sergej Nikolaevič Sorokin, giovane membro della gioventù comunista, fu fatto prigioniero e deportato in un campo di concentramento dal quale fuggì, entrando poi a far parte della 8ª Brigata Garibaldi[a], in seno alla quale divenne comandante della compagnia russo-slava. Sul suo petto ora brilla la massima onorificenza del movimento della Resistenza italiana: la stella d'oro garibaldina[b].

La sorte di quest'uomo non poteva lasciarmi indifferente; ho perciò iniziato a trascrivere le sue memorie di quei lontani anni di lotta anti-fascista sui monti italiani, e ora sono lieto di presentarle ai lettori.

Valentin Ûŝenko[c]

---

[a] Più precisamente, Sorokin si aggregò dapprima al "Gruppo Libero" e poi alla Brigata Garibaldi Romagnola che, a valle dei rastrellamenti d'aprile del 1944, assunse la definitiva denominazione di 8ª Brigata Garibaldi "Romagna".

[b] Massima decorazione del Comando Generale delle brigate Garibaldi. Non si trattava di un'onorificenza statale, ma di un riconoscimento di emanazione del Partito comunista italiano. La Stella garibaldina fu concessa nel 1947 a tutti i partigiani membri di formazioni garibaldine; la "Stella d'oro garibaldina", invece, fu conferita a pochi partigiani, tra i quali, ad esempio: Giorgio Amendola, Rosario Bentivegna e, alla memoria, a Ilio Barontini (Cfr. ad es. «l'Unità» del 6 maggio 1976, p. 11 ediz. Firenze-Toscana).

[c] Valentin Timofeevič Ûŝenko [Juščenko], scrittore sovietico originario di Voronež, nato il 23 dicembre 1913 e morto il 22 ottobre 1986. Autore di alcuni romanzi tra i quali possiamo citare: Валенти Ющенко, *Вечный огонь: роман*, Воронежское книжное издательство, Воронеж, 1962 | VALENTIN ÛŜENKO, *Večn'yj ogon': roman (La fiamma eterna: romanzo)*, Voronežskoe knižoe izdatel'stvo, Voronež, 1962; ID., *Всегда с тобою: роман*, Центрально-чернозёмное книжное издательство, Воронеж, 1967 | *Vsegda s tovoš: roman (Sempre con voi: romanzo)*, Central'no-černozëmnoe knižnoe izdatel'stvo, Voronež, 1967.

Адамо Цанелли, политкомиссар итальянского движения Сопротивления, мой боевой собрат, писал: «...Многие из этих товарищей-партизан погибли, пролили свою кровь на нашей земле, отдали жизнь за свою и нашу свободу. В их сердцах горело пламя свободы, и они мужественно боролись рядом с нами. В нашей памяти всегда останутся имена погибших товарищей, таких, например, как Карини Антонио «Орсо» из Пьяченцы, сицилийца Ауриа Сальваторе, карабинера Калоджера, братьев Бимби и Франко Ферри и многих других, таких, как чех Винцент, австриец Отто, советкие Георгий и Сергей Сорокин, погибшие в наших горах. Они боролись за свободу Романьи, Италии, боролись за то, чтобы были свободными люди всего мира, боролись против варварства и господства фашистов, за жизнь людей, как братьев».

Нет, я не погиб... Но об этом нужно рассказывать с самого начала.

ЧЕРНЫЙ ЭШЕЛОН

Колеса стучали не переставая. Одни сутки, другие, третьи. Поезд мчался днем и ночью. Мы отвыкли от белого света. Все окна пульманов были наглухо забиты, лишь через щели в полу к нам поступал воздух. Видно, неспроста мы окрестили свой состав черным эшелоном. В голове одна мысль — мы в плену. Как же это случилось? Как могло статься, что Я, Сергей Сорокин, младший лейтенант Красной Армии, сижу сейчас на грязном полу вагона для скота, вижу перед собой таких же молодых парней, недавних бойцов, и меня везут в неизвестное?... Меня, молодого советского офицера-комсомольца...

Военная жизнь началась для меня в 1940 году, когда призвали на действительную службу. Мать провожала до последнего взгорка родной Верхней Гнилуши. Писал я ей из военной школы, когда пошел учиться на командира отделения. Посылал письма из части. Реже сообщал о себе, когда началась война. [p. 3]

Adamo Zanelli, commissario politico della Resistenza italiana, mio fratello d'armi, scrisse: «*...Molti di questi compagni partigiani sono periti, versando il proprio sangue sulla nostra terra, dando la vita per la loro e la nostra libertà. Nel loro cuore ardeva il fuoco della libertà ed essi hanno combattuto valorosamente al nostro fianco come fratelli. E noi di Romagna abbiamo sempre nel cuore il ricordo di Carini Antonio "Orso", di Piacenza; del siciliano Auria Salvatore, del carabiniere Calogero; dei fratelli Bimbi e di Franco Ferri, insieme a molti altri come Vincent, cecoslovacco; l'austriaco Otto; i sovietici Georgij e Sergej Sorokin, caduti sulle nostre montagne. Essi sentivano che, lottando per la libertà in Romagna, combattevano perché liberi fossero tutti gli italiani e tutti gli uomini che in tutto il mondo combattevano contro la barbarie, la prepotenza per una umanità risollevata e affratellata*»[1].

No, non sono morto... Ma sarà meglio raccontare tutto dal principio[2].

IL NERO CONVOGLIO

Le ruote sferragliavano senza sosta. Un giorno, due, tre. Il treno procedeva veloce giorno e notte. Ci eravamo disabituati alla luce. I finestrini dei vagoni erano chiusi ermeticamente, l'aria ci arrivava solo dalle fessure nel pavimento. Non per niente, avevamo battezzato il nostro treno "il nero convoglio". Nella mente un unico pensiero: eravamo prigionieri. Com'era successo? Com'era potuto accadere che io, Sergej Sorokin, sottotenente dell'Armata Rossa, me ne stessi seduto sul pavimento di un sudicio carro bestiame, circondato da ragazzi così giovani, da poco soldati, e che mi stessero conducendo chissà dove?... Io, un giovane ufficiale sovietico membro della gioventù comunista...

La mia carriera militare era iniziata nel 1940, con la convocazione per il servizio militare. Mia madre mi accompagnò fino all'ultima collinetta del nostro paese natale, Verhnââ Gniluša[3]. Le scrivevo dall'accademia militare, durante l'addestramento con il caposquadra, e le inviai anche alcune lettere dal distaccamento, ma quando iniziò la guerra diedi mie notizie più di rado[4].[p. 3]

На фронт пошел вместе со 112-й мотострелковой дивизией. С ней же выходил из первого окружения, — случилось такое под Вязьмой. Потом командовал взводом на белгородском направлении.

Вторично оказался во вражеском кольце. Как мы ни сопротивлялись, но вырваться из окружения в тот раз не удалось.

Попал в плен. За колючую проволоку. Сначала в степи нас держали, затем перебросили под Гомель. В настоящий концлагерь. Здесь мне пришлось пробыть до августовских дней 1942 года. Потом разбили нас на мелкие группы, пригнали к товарнякам-пульманам, приказали грузиться. Без куска хлеба, без воды.

И вот уже третьи сутки стучат колеса вагонов. Жажда мучит. В мыслях одно: «Бежать!» Но куда? Разве можно голыми руками разломать стенки пульмана?

На остановках еще слышится знакомая речь. Мы на белорусской земле. Конвойные оттоняют людей от вагонов. Мы кричим: «П-й-ть!..» И горло становится деревянным, сухим, трудно даже глотнуть воздух. Он еще сильнее обжигает губы;

Черный эшелон мчит дальше. Привычного русского говора не слышно. Через деревянные стенки вагона доносятся незнакомые слова. Где мы? На одной из остановок немец-конвоир отодвинул дверную стенку пульмана, и перед глазами выросли горы; причудливые домики, напоминавшие птичьи гнезда, как бы прилипшие к отвесным скалам.

Кто-то из ребят шепнул: «Италия...»

Arrivai al fronte con la 112ª Divisione di fanteria motorizzata, con la quale uscii dal mio primo accerchiamento nei pressi di Vâz'ma[5]. In seguito, comandai il plotone sulla linea di Belgorod[6].

Mi ritrovai accerchiato dal nemico per la seconda volta. Nonostante la strenua resistenza, questa volta non riuscimmo a rompere la sacca.

Fui fatto prigioniero e finii dietro il filo spinato. All'inizio ci tennero nella steppa, ma poi ci trasferirono nei pressi di Gomel'[7], in un vero e proprio campo di concentramento, dove mi toccò rimanere fino all'agosto del 1942. Dopodiché ci suddivisero in gruppi più piccoli, ci spinsero verso i vagoni di un treno merci e ci ordinarono di salire, senza un tozzo di pane né acqua.

E ora le ruote dei vagoni sferragliavano già da tre giorni. La sete ci tormentava. In testa solo un'idea fissa: fuggire! Già, ma dove? Non potevamo certo sfondare le pareti del vagone a mani nude.

Durante le soste sentivamo ancora parlare una lingua a noi familiare. Ci trovavamo sul suolo bielorusso. Anche se le guardie allontanavano la gente dai vagoni, noi gridavamo: «A-c-q-u-a!». La gola si era fatta di legno, secca; era penoso persino deglutire e l'aria ci faceva bruciare ancor di più le labbra.

Il nero convoglio continuava ad avanzare. Non si udiva più la familiare parlata russa e attraverso le pareti di legno del vagone ci giungevano parole sconosciute. Dove ci trovavamo? A una delle fermate la guardia tedesca fece scorrere il portellone del vagone: davanti ai nostri occhi s'innalzavano le montagne e delle bizzarre casette che ricordavano nidi di uccello, sembravano incollate alle pareti a strapiombo.

Uno dei ragazzi sussurrò: «Italia...».

Конвойные выгрузили из пульмана умерших. Бросили нам три или четыре буханки хлеба, несколько луковиц, поставили бачок с водой и тут же закрыли дверь. В темноте мы делили еду.

Черный эшелон опять застучал колесами.

Мы ехали всю ночь. Вдруг поезд остановился. За долгий путь мы впервые увидели, как восходит солнце на чужой, незнакомой стороне. Его еще не было видно, а долина уже проглядывалась и казалась голубоватой, прозрачной.

Нас построили для переклички. По рядам передали: «Мы в Триесте». Многим нашим ребятам это название было знакомо по учебникам географии.

Пока шла перекличка, ребята шепнули, что неподалеку [р. 4] от этих высоких гор проходит граница с Югославией, там, несомненно, действуют партизаны.

После переклички надзор за нами заметно ослабел. Куда, мол, убегут русские? Вокруг горы, незнакомые края, местного языка они не знают, — куда денутся? Так рассуждали наши конвоиры. Но стоило им провести повторную перекличку, и шестерых русских они недосчитались. Нас вновь погрузили в пульманы. Черный эшелон взял курс на город Верону.

ДРУЗЬЯ ВСЮДУ

Нас поместили за колючую проволоку. Это был концлагерь, специально предназначенный для военнопленных с Восточного фронта. Вокруг него — вышки с часовыми, по обочинам ходят овчарки. Все как в гитлеровской Германии. Об этом нам успели рассказать товарищи, которым довелось побывать и на немецкой земле, испытать гитлеровский плен.

Днем нас выгоняли ремонтировать дороги, грузить камни, таскать тяжелые бревна, корчевать деревья.

Le guardie scaricarono i morti dalla carrozza. Ci lanciarono tre o quattro pagnotte, qualche cipolla, una bacinella d'acqua e quindi richiusero il vagone. Ci spartimmo il rancio al buio.

Il nero convoglio si rimise in marcia sferragliando.

Viaggiammo tutta la notte. All'improvviso il treno si arrestò. Per la prima volta durante il lungo viaggio vedemmo il sole sorgere in un Paese straniero, sconosciuto. Sebbene il sole non si vedesse ancora, la valle si intravedeva già, azzurrognola, quasi trasparente.

Ci fecero schierare per l'appello. Di fila in fila rimbalzava la notizia: «Siamo a Trieste». Molti conoscevano questa città grazie ai manuali di geografia.

Mentre si svolgeva l'appello, i ragazzi sussurravano che, non lontano[p. 4] da quelle alte montagne, c'era il confine con la Jugoslavia dove sicuramente erano attivi i partigiani.

Dopo l'appello la sorveglianza si allentò visibilmente. Dopotutto, dove mai potevano fuggire i russi? Intorno c'erano solo montagne e regioni sconosciute e i prigionieri non parlavano italiano: dove mai potevano nascondersi? Queste le considerazioni della nostra scorta. Tuttavia, quando rifecero l'appello, risultarono mancare sei russi. Ci caricarono di nuovo sui vagoni e il nero convoglio partì alla volta di Verona[8].

CIRCONDATI DAGLI AMICI

Ci sistemarono dietro il filo spinato. Era un campo di concentramento allestito appositamente per i prigionieri di guerra provenienti dal fronte orientale, circondato da torrette con le sentinelle e recinzioni sorvegliate dai cani. Proprio come nella Germania di Hitler, come si erano affrettati a raccontare i compagni che erano finiti anche sul suolo tedesco ed avevano vissuto la prigionia nazista.

Durante il giorno ci spedivano a riparare le strade, a caricare massi, a trascinare tronchi pesanti e a sradicare alberi.

Ночью каждый собирался со своими мыслями. Моим соседом на соломенной подстилке был Гриша по фамилии Пристансков. Он величал себя и Георгием, и Жоркой. Говорил, что родом он из казаков, из станицы Кумылженской, что недалеко от знаменитой Вешенской. Судьба свела меня с Гришей-казаком в концлагере под станцией Кантемировкой. Из последнего окружения я тогда пробирался в родные черноземные края. До Верхней Гнилуши я не добрался...

Уже тогда я убедился в смекалке этого парня. Сам я прикидывался душевнобольным, простым гражданским человеком. Гнал, мол, колхозный скот, отстал от своих, меня и взяли в плен. Такую легенду я рассказывал и в итальянском лагере. Но Гриша поправил меня: «Лучше, если мы назовемся офицерами Красной Армии. На окопы пошлют, оттуда мы и убежим к своим. А гражданских они в тыл гонят». Так мы и поступили. Это помогло нам вырваться из кантемировского концлагеря. Но ни я, ни Георгий Пристансков не знали, какие муки доведется нам испытать потом. [p. 5]

При случае Георгий обменивался короткими фразами с конвоирами-немцами. Наверно, припомнил школьные познания в языке. Иногда подходил к итальянцам и тоже что-то бормотал. Те понимали, наверное, русского человека, Гриша умел завести дружбу почти с каждым.

Уже через несколько дней я узнал от Гриши, что хлеб по-итальянски — «пане», вода — «аква», попросить есть — «манжере».

Георгий Пристансков был в лагере связным-переводчиком между нами и деревенскими жителями. У него, вскоре появились знакомые, они кланялись русскому, когда нас гоняли на работы. Местные жители называли нашего товарища по-своему — компаньо Джорджио— товарищ Георгий.

La sera, ognuno di noi se ne stava immerso nei suoi pensieri. Il mio vicino di giaciglio si chiamava Griša e di cognome faceva Pristanskov. Si faceva chiamare sia Georgij sia Žorka. Sosteneva di essere di stirpe kazaka, del paese di Kumylženskaâ[9], non molto lontano dalla famosa località di Vëšenskaâ[10]. Il destino mi aveva fatto conoscere Griša il kazako in un campo di concentramento nei pressi della stazione di Kantemirovka[11]. All'epoca, dopo l'ultimo accerchiamento, mi stavo dirigendo verso la mia amata regione dalle terre nere, ma a Verhnââ Gniluša non ci arrivai mai...

Mi accorsi subito dell'astuzia di quel giovane. Io stesso mi fingevo un po' suonato, un semplice civile. Stavo portando al pascolo il bestiame del kolchoz – dicevo – mi ero allontanato dai miei e così mi avevano fatto prigioniero. Raccontavo questa storia di copertura anche nel campo italiano, ma Griša mi corresse: «Meglio dire che siamo ufficiali dell'Armata Rossa. Ci manderanno in trincea e allora scapperemo e ci uniremo ai nostri. I civili, invece, li spediscono nelle retrovie». E così avevamo fatto: questo stratagemma ci aveva aiutato a uscire dal campo di concentramento di Kantemirovka, ma né io né Georgij Pristanskov immaginavamo quali sofferenze avremmo patito in seguito.[p. 5]

Di tanto in tanto Georgij scambiava delle brevi frasi con le guardie tedesche. Sicuramente stava rinfrescando le nozioni scolastiche. A volte si avvicinava agli italiani e anche in quel caso borbottava qualcosa. A quanto pareva, quelli lo capivano.

Griša era in grado di fare amicizia più o meno con tutti. Già dopo pochi giorni, infatti, mi insegnò le parole italiane "pane", "acqua" e "mangiare"[12].

All'interno del campo, Georgij Pristanskov faceva da interprete e da tramite fra noi e gli abitanti del luogo. Ben presto si fece degli amici che lo salutavano con un cenno del capo quando ci mandavano ai lavori. Gli abitanti locali chiamavano il nostro *tovariš* «compagno Giorgio»[13].

Пристанскову шел в ту пору, двадцать второй год. Подвижный, энергичный, с мужественным лицом, он походил на итальянца. Цвета вороньего крыла чуб, флотская бескозырка, морская тельняшка придавали парню такой залихватский вид, что на него нельзя было не обратить внимание.

Как-то Георгий шепнул мне ночью:

— Завтра обещали подойти ко мне связные партизаны. Свяжемся с партизанами, перебьем карабинеров и — на волю. Мне бы автомат в руки, я бы рассчитался тогда с самим Муссолини.

Вокруг меня и Пристанскова вскоре создалось боевое ядро, которое готовилось к побегу из лагеря. Кроме нас в него вошли Николай Черноус, Василий Козин, Петр Малышев, Даниил Соседка Иван Денисов и еще пять советских военнопленных, большинство — рядовые солдаты. О моем офицерском звании знали немногие.

Пристанскову было поручено еще настойчивее овладевать итальянским языком. Каждый из нас присматривался к жителям, к их нравам, обычаям, манере разговари¬вать. Все это должно пригодиться в дальнейшем.

Вопрос о побеге был решен. Пристансков нашел партизан. Он не раз выходил в город, как-то даже по распоряжению начальника лагеря, — настолько Георгий вошел в доверие к чернорубашечникам. Мы узнали, что среди местных жителей много коммунистов — верных друзей итальянского Сопротивления, его активных участников. Они носят галстуки с красными полосами или [p. 6] пятнами. Это — пароль. Эти люди передали нам крестьянскую одежду, чтобы мы походили на местных жите¬лей.

All'epoca Pristanskov aveva ventun anni. Vivace, energico e dai tratti virili, assomigliava a un italiano. Il ciuffo corvino, il berretto e la maglietta a strisce da marinaio gli conferivano un aspetto talmente esuberante che era impossibile non notarlo.

Una notte Georgij mi sussurrò:

«Mi hanno promesso che domani verranno da me alcuni portaordini partigiani. Ci uniamo ai partigiani, facciamo fuori i carabinieri e... liberi. Se avessi un fucile in mano regolerei i conti anche con Mussolini».

Presto intorno a me e a Pristanskov si creò un nucleo di combattenti che si apprestavano a fuggire dal campo di prigionia. Oltre a noi due c'erano Nikolaj Černous, Vasilij Kozin, Pëtr Malyšev, Danil Sosedka, Ivan Denisov e altri cinque prigionieri di guerra sovietici, per la maggior parte soldati semplici[14]. Pochi erano a conoscenza del mio grado di ufficiale.

Pristanskov fu incaricato di migliorare ulteriormente il suo italiano, mentre tutti noi osservavamo gli abitanti, i loro usi e costumi, il loro modo di parlare: ci sarebbe tornato utile in futuro.

La questione della fuga era risolta: Pristanskov aveva trovato un partigiano. Uscì spesso dal campo per andare in città, una volta addirittura per disposizione del capo del campo di internamento, tanto era riuscito ad entrare nelle grazie delle camicie nere. Venimmo a sapere che fra gli abitanti locali c'erano molti comunisti, fedeli amici della Resistenza e suoi membri attivi. Indossavano delle cravatte con delle strisce o delle chiazze rosse: era questo il modo per riconoscersi.[p. 6] Ci fecero avere dei vestiti da contadini, di modo che potessimo passare per gente del luogo.

ПЕРВЫЕ ТРОПЫ

Темной ночью мы перерезали проволоку и ушли из лагеря. Возможно, Пристанскову удалось усыпить бдительность охраны. К рассвету мы прошли примерно 20—25 километров в сторону города Феррары. Двигаться днем было опасно. Пришлось обосноваться на отдых в зарослях виноградника.

Вокруг было тихо.

В правильности маршрута мы были уверены. Но почему нас никто не встречает? С посыльным от партизан было условлено, что итальянские друзья будут передавать нас «из рук в руки», от одного населенного пункта к другому.

Южное солнце не знает пощады. Уже к одиннадцати часам становилось невмоготу лежать на прогретой земле.

Вдруг где-то послышался собачий лай.

Мы притихли. Через минуту-другую появился лохматый, весь в репьях пес. Он обнюхал крайнего [sic], поласкался ко мне. Но едва я потянулся к собаке, чтобы схватить ее, как дна рванулась в сторону и исчезла.

Надо ждать. Если на нас идут карабинеры, обороняться нечем, кроме толстых кольев, на которых держатся виноградные лозы.

Но вот показался человек в крестьянской рубахе, широкой шляпе, лет пятидесяти.

Первым с ним заговорил Гриша;

Мы с острова Сардиния...

Вместо ответа старик приложил указательный палец к носу, потом слегка прикусил язык, закрыл рот ладонью. Ну, Жорку можно признать за итальянца: он чернявый, смуглолицый. А что делать с татарскими раскосыми глазами Ивана Денисова, с моими льняными волосами? Нас никак нельзя выдать за итальянцев.

I PRIMI SENTIERI

Nel buio della notte tagliammo il filo spinato e uscimmo dal campo. Forse Pristanskov era riuscito a far abbassare la guardia ai sorveglianti. Verso l'alba avevamo ormai percorso circa 20-25 chilometri in direzione di Ferrara. Spostarsi di giorno era pericoloso e ci toccava fermarci a riposare fra i filari dei vigneti.

Intorno c'era silenzio.

Eravamo certi di seguire la strada giusta, ma allora perché nessuno ci veniva incontro? Col messo dei partigiani avevamo stabilito che gli amici italiani ci avrebbero presi in consegna "a staffetta", da un centro abitato all'altro.

Il sole del sud è spietato. Già alle undici di mattina divenne impossibile sdraiarsi sul terreno rovente.

All'improvviso si sentì il latrato di un cane.

Ci zittimmo. Dopo un paio di minuti comparve un cane dal pelo lungo, ricoperto di lappole. L'animale annusò tutto intorno e mi si avvicinò in cerca di carezze. Ma non appena mi protesi verso di lui per acchiapparlo, il cane scartò a lato e scomparve.

Bisognava aspettare. Se ci avessero trovato i carabinieri, non avremmo avuto nulla con cui difenderci eccetto i grossi pali che tenevano su le viti.

Alla fine comparve un uomo con una camicia da contadino e un cappello a tesa larga, sulla cinquantina.

Il primo a parlare fu Griša:

«Veniamo dalla Sardegna».

Anziché rispondere, l'uomo si portò l'indice al naso, quindi ci fece segno di tacere mordendosi piano la lingua e tappandosi la bocca con la mano. Be', Žorka poteva passare per italiano essendo scuro di capelli e di carnagione olivastra, ma come la mettevamo con gli occhi a mandorla tatari di Ivan Denisov e con i miei capelli biondi? Non avremmo potuto in alcun modo spacciarci per italiani.

— Я знаю, что вы сбежали из лагеря, — сказал старик. — Крестьяне помогут вам. Они шли по вашим следам, чтобы вступиться за вас при случае. Даже оружие несли с собой. Разве я смогу отдать вас вильякам,— [р. 7] *([foto]: Сергей Сорокин)* так он с ненавистью назвал местных фашистов-чернорубашечников.

Все это мы узнали из перевода Пристанскова. Он неплохо понимал итальянский язык. Правда, казак обращал больше всего внимания на жесты старика, на выражение его лица и уж потом приступал к объяснениям. — Мы — Советы, мы — Москва, мы — русские. Ленин — знаешь?

— Знаю, знаю! — обрадовался старик и крепко пожал наши руки.

Он позвал кого-то. В зарослях появились женщины. Сначала одна, потом другая, третья. В руках у них мы увидели корзины с едой и вином. Мы жадно набросились [р. 8 наброси-] на лепешки, на вкусный сыр. От вина отказались: глоток-другой мог разморить, а ведь нам предстоял еще долгий путь в сторону горного района, в сторону, провинции Форли.

Нам хотелось проговорить с человеком, который хорошо знает русский язык. По карте мы ориентировались плохо. Близлежащих селений не знали. Бойкая крестьянка не соглашалась идти проводником, так как ее муж сотрудничает с фашистами и на него нельзя положиться, он может выдать военнопленных жандармам.

Наша словоохотливая собеседница подробно рассказала, какими тропами надо идти.

Когда прощались со стариком, он крепко пожал нам руки. А потом доверительно сказал:

— Я честно встретил вас. Следовал за вами два часа. Теперь вас встретит мой большой друг Марио. Он поджидает вашу группу.

«So che siete fuggiti dal campo», disse l'uomo. «I contadini vi aiuteranno. Vi seguivano per correre in vostro aiuto in caso di bisogno. Hanno con loro persino delle armi, [p. 7] [*nel testo originale è inserita una foto di Sergej Sorokin*] non potrei mai riconsegnarvi a quei *vigliacchi*[15]», come definiva con astio le camicie nere del posto.

Capimmo tutto ciò grazie alla traduzione di Pristanskov che se la cavava piuttosto bene con l'italiano. A onor del vero il kazako prestava attenzione soprattutto ai gesti dell'uomo e alla mimica del suo volto, poi iniziò a spiegare: «Noi, soviet, noi Mosca, noi russi. Lenin, conosci, sì?».

«Certo, certo che lo conosco!», si rallegrò l'italiano stringendoci forte la mano.

Poi diede una voce a qualcuno e dagli alberi comparvero delle donne, prima una, poi un'altra, quindi una terza. Avevano dei cesti con cibo e vino e ci avventammo famelici[p. 8] sulle focacce e sul gustoso formaggio. Rifiutammo però il vino: un paio di sorsi avrebbero potuto fiaccarci, mentre ci aspettava ancora una lunga marcia verso la zona montuosa, dalla parte di Forlì.

Avremmo voluto scambiare due parole con qualcuno che sapesse bene il russo, dato che, non conoscendo i paesini vicini, non eravamo in grado di orientarci sulla carta. La vivace contadina lì presente si rifiutò di farci da guida perché il marito collaborava con i fascisti; visto che avrebbe potuto denunciarci ai carabinieri, non potevamo certo fare affidamento su di lui.

Tuttavia la nostra loquace interlocutrice ci spiegò con dovizia di particolari quali sentieri seguire.

Quando ci congedammo dall'uomo, lui ci strinse calorosamente la mano. Quindi ci disse in tono confidenziale:

«Io ho fatto la mia parte. Vi ho seguiti per due ore. Ora sulla via incontrerete il mio carissimo amico Mario. Vi sta aspettando».

Было ясно: местные жители беспокоятся за нашу судьбу, передают русских друзей от селения к селению. Это закон партизан, хотя здесь не все называют себя партизанами. Это трудовая Италия.

В горах не говорят: «Надо пройти пять километров», там дорогу считают на часы: прошли столько-то часов. Путь наш был нелегким, хотя мы и двигались по долине, — нам предстояло пройти не менее четырех часов.

КРЕСТЬЯНИН МАРИО

Нет, мы еще не знали трудовой Италии! Два часа дороги заметно утомили нас. Мы преодолевали небольшие склоны, вновь спускались в долину. Присутствия людей не чувствовалось, но мы догадывались, что друзья идут где-то рядом, они наблюдают за нами, чтобы нам не попасть в засаду чернорубашечников.

На одном из переходов мы разделились по двое: идти гуськом, длинной цепочкой было опасно. При этом мы не теряли каждого из виду.

Я шел с Георгием. Где-то в стороне пробирался Василий Козин, за ним поспешал Николай Черноус. А дальше — Петр Малышев, Даниил Соседка. Настроение у всех приподнятое. В то же время каждый насторожен, нервы натянуты до предела. [р. 9]

Вдруг мы увидели крестьянина средних лет. Он приветливо махал нам руками. Друг или враг? Возможно, нас выследили и теперь зазывают в ловушку?

Я подал знак друзьям остановиться. Вместе с Гришей двинулся вперед. Крестьянин первым подал нам руку. Гриш о чем-то заговорил с итальянцем. Я наблюдал за выражением лица друга. Пристансков улыбался.

Era chiaro che agli abitanti del luogo stava a cuore la nostra sorte, avrebbero protetto gli amici russi di paese in paese. Era la legge dei partigiani, anche se lì non tutti si definivano tali. Quella era l'Italia dei lavoratori.

In montagna non si dice "dobbiamo fare cinque chilometri"; la strada si misura in ore: abbiamo fatto tot ore di cammino. Il nostro percorso era arduo, benché a tratti ci spostassimo anche lungo la valle; ci attendevano almeno quattro ore di cammino.

IL CONTADINO MARIO

E invece no, non conoscevamo ancora l'Italia dei lavoratori! Dopo due ore di cammino la stanchezza si faceva già sentire. Avevamo superato piccoli pendii, quindi eravamo scesi nuovamente a valle. Pur non scorgendo la presenza di altri, intuivamo che gli amici procedessero da qualche parte in parallelo a noi, assicurandosi che non cadessimo in un'imboscata fascista.

Uno dei passaggi lo dovemmo attraversare divisi in coppie: procedere in una lunga fila indiana era pericoloso. Inoltre così non ci saremmo persi di vista.

Io andai con Georgij. Da qualche parte a lato si faceva strada Vasilij Kozin, seguito a passo svelto da Nikolaj Černous. Un po' più avanti c'erano Pëtr Malyšev e Danil Sosedka. Eravamo tutti di umore allegro, ma allo stesso tempo ognuno di noi stava all'erta, con i nervi tesi al massimo.[p. 9]

All'improvviso scorgemmo un contadino di mezza età che ci salutò affabilmente agitando le mani. Era un amico o un nemico? Forse ci avevano rintracciato e ora cercavano di attirarci in una trappola?

Feci segno ai miei amici di fermarsi e avanzai insieme a Griša. Il contadino ci porse la mano per primo e Griša scambiò qualche parola con lui. Io tenevo d'occhio l'espressione del volto del mio amico: Pristanskov sorrideva.

— Не дрейфь, Россия! — заявив Гриш, обращаясь ко мне. — Это товарищ Марио. Он поджидал нас. Мы верной тропкой шли, как объяснял тот старик...

Оказывается, Марио высматривал нас уже более часа. Гонец партизан прибыл к назначенному месту ближней дорогой, успел передать просьбу старика, и теперь Марио встречал русских, словно старых знакомых.

На условный свист Гриши вокруг итальянца собрались все наши товарищи.

— Я коммунист, — объявил Марио.

Мне хотелось увидеть на нем галстук с красной полоской о которой толковали жители, но крестьянин был в легком свитере.

Через пятнадцать минут мы пришли к подворью нашего нового знакомца. Он пригласил в дом. На всякий случай я отдал распоряжение Василию Козину оставаться в коридоре, чтобы, если понадобится, сообщить об опасности. Но, оказывается, предупредительный хозяин поставил «на часах» свою жену.

Хозяин дома был приветлив. Напоив всех ключевой водой, он сказал что места эти безопасные, карабинеры сюда не заглядывают, а тем более немцы. Нужно опасаться скорее недобитых фашистов из местных жителей, но за последнее время они приутихли.

А что Марио — наш друг, в этом нельзя сомневаться. Он верил русским. Слово «Москва» для него было воплощением мужества, стойкости, отваги.

Во время ужина к хозяину заглянул еще один итальянец. Он оказался младшим братом Марио. Тоже считает себя антифашистом. Для большей убедительности он принес из дальней комнаты аккордеон и исполнил на нем «Интернационал». Играл, правда, тихо, но с - настроением. [p. 10]

«Non temere, Russia!», dichiarò Griša rivolgendosi a me. «Questo è il compagno Mario, ci aspettava. Abbiamo preso il sentiero giusto, come ci ha spiegato quell'uomo…».

Scoprimmo che Mario ci teneva d'occhio da più di un'ora. Il portaordini dei partigiani era arrivato al luogo convenuto attraverso una strada vicina, era riuscito a trasmettere il messaggio e ora Mario ci accoglieva come se fossimo vecchi amici.

Come concordato in precedenza, al fischio di Griša tutti i nostri compagni si raccolsero intorno all'italiano.

«Sono un comunista», dichiarò Mario.

Avrei preferito vedere che al collo portava il fazzoletto con la striscia rossa di cui parlavano gli abitanti, ma il contadino indossava solo un maglione leggero.

Dopo una quindicina di minuti giungemmo alla cascina del nostro nuovo amico che ci invitò a entrare in casa. A ogni buon conto incaricai Vasilij Kozin di restare in corridoio per avvertirci di un eventuale pericolo. Ma il premuroso padrone di casa aveva già messo «di guardia» la moglie.

Il nostro ospite era molto affabile. Mentre ci versava dell'acqua di sorgente, ci disse che quei luoghi erano sicuri, poiché i carabinieri non si spingevano fin lì e tanto meno i tedeschi. Bisognava piuttosto guardarsi dai fascisti rimasti fra gli abitanti del luogo, anche se negli ultimi tempi si erano calmati.

Che Mario fosse nostro amico, non c'era dubbio. Nutriva una profonda fiducia nei russi e per lui la parola "Mosca" era sinonimo di coraggio, ardimento, audacia.

All'ora di cena a casa di Mario fece un salto un altro italiano, che si rivelò poi essere il suo fratello minore e che si definiva anche lui antifascista. Per convincerci di tale fatto, andò a prendere una fisarmonica dall'altra stanza e suonò l'Internazionale. Certo, suonava piano, ma con sentimento. [p. 10]

А потом мы услышали родную «Катюшу». Мотив её был всем знаком. Но слова другие, на итальянский манер: «Дует ветер, воет вьюге, башмаки рваные, а надо идти...» Вот, значит, где тебе, приходится воевать, наша бессмертная «Катюша»!

— У нас одна беда с вами, русские друзья, — сказал Марио. — И ваша страна и наша оккупирована фашистами. Гитлеровцы называют себя друзьями итальянцев но грабят нашу страну, убывают людей. В России они очень жестоки, но и нам нельзя жить под ярмом фашистов: Муссолини продал Италю Гитлеру.

Всю ночь дежурили Марио, его брат и хозяйка дома. Нам предоставили возможность хорошенько отдохнуть.

На зорьке нам предстояло выйти из села. До очередной остановки не менее четырех часов — около 15 километров проселочной дороги. Там нас встретят партизан-коммунисты. Связные уже ушли вперед. Надо держался берега реки. Шагать по двое, с небольшим интервалом. Явка установлена на окраине одного села, примерно в 35 километрах от города Феррары.

Сам товарищ Марио будет ехать на велосипеде. В случае опасности он предупредит нас условным сигналом.

Югославия или Италия?

Село по-итальянски называется поэзе. Мы переделали это слово на свой, русский лад и называли каждый населенный пункт «поэзией» так было проще, сердечнее и нас скорее понимали местные жители.

К необходимой нам «поэзии» добрались после полудня. Чертовски устали. Долгие переходы изматывали силы.

E poi sentimmo la nostra «Katûša». La melodia la conoscevamo tutti, ma le parole erano diverse, era la versione italiana: «Fischia il vento, urla la bufera. Scarpe rotte eppur bisogna andar…»[16]. Laddove c'è da combattere, lì c'è sempre la nostra immortale "Katûša"!

«Noi e voi, amici russi, abbiamo un problema in comune», disse Mario. «Entrambi i nostri Paesi sono occupati dai fascisti. I nazisti si dicono amici degli italiani, ma intanto saccheggiano il Paese e uccidono la gente. In Russia i tedeschi sono molto spietati, ma nemmeno noi possiamo vivere sotto il giogo dei fascisti: Mussolini ha venduto l'Italia a Hitler».

Per tutta la notte Mario, il fratello e la padrona di casa rimasero di guardia, offrendoci così l'opportunità di riposare per bene.

All'alba dovevamo lasciare il paesino. Alla fermata successiva mancavano almeno quattro ore, circa 15 chilometri lungo una strada secondaria. Lì ci avrebbero accolto dei partigiani comunisti. Le staffette erano già partite. Dovevamo tenerci lungo gli argini del fiume, camminando due a due, leggermente distanziati. Il punto di ritrovo era stato stabilito subito fuori da un paesino che si trovava all'incirca a 35 chilometri da Ferrara.

Anche il compagno Mario ci avrebbe preceduto in bicicletta e in caso di pericolo ci avrebbe avvisato con il segnale convenuto.

JUGOSLAVIA O ITALIA?

Noi pronunciavamo la parola italiana "paese" alla nostra maniera, alla russa, e chiamavamo ogni centro abitato "paèsia" [cioè "poesia", in russo]: per noi era più semplice, dolce[17] e gli abitanti del luogo ci capivano meglio.

Arrivammo al paese di nostra destinazione dopo mezza giornata. Eravamo sfiniti, le lunghe marce ci avevano estenuato.

Село представляло собой не более двух десятков небольших домиков. Иные из них примостились на горных выступах.

Первым в село въехал на велосипеде Марио. Он поджидал очередную нашу «двойку». К этому моменту из-за плетня показывался местный крестьянин, тут же брал с собою очередных «гостей». Так совсем незаметно нас распределили по крестьянским домам. [p. 11]

После сытного обеда всю группу пригласили в небольшую рощу. Кто занимался сбором — трудно сказать. Но когда мы оказались вместе, за нашими спинами стояли хозяева квартир.

Беседовал с нами пожилой итальянец. К нему почтительно относились наш старый друг Марио, местные жители. Он сказал на ломаном русском языке:

— Немного знаю Россию. Жил когда-то в Германии, кайзер погнал меня воевать против русских, потом — плен.

Ребята поручили мне объясниться со стариком. Я кратко изложил просьбу — помочь нам перебраться в Югославию и соединиться там с партизанами. У нас нет оружия. Без автоматов трудно перейти границу. Каким путем лучше всего выбраться из Италии? Мы не знаем языка, здесь трудностей много...

Выслушав меня, итальянцы заговорили сразу, без всякого порядка. Разговор походил на спор. Слов произносилось мало, но жесты рук, мимика лиц выдавали взволнованность людей.

Может быть, я что-то сказал не так? Дружеское пожатие руки Гриши Пристанскова, который оказался рядом, успокоило меня. «Верно объяснил, Серега», — поддержал он. Мы дождались, когда смолкнут итальянцы.

Отправиться в Югославию можно только пароходом. Среди моряков небольших суденышек есть верные друзья. Но где взять деньги на билеты, на приобретение одежды?

Il paese contava non più di una ventina di casette, alcune delle quali erano arroccate sulle sporgenze rocciose.

Mario arrivò per primo in paese, in bicicletta; aspettava la nostra prossima "coppia". All'incirca in quel momento, da dietro la siepe sbucò un contadino del posto che portava con sé altri "ospiti". Così, senza farsi notare, ci suddivisero nelle varie case dei contadini.[p.11]

Dopo un pasto sostanzioso tutto il gruppo fu convocato in un boschetto. Difficile dire da chi fosse partita l'iniziativa; tuttavia, una volta arrivati a destinazione, ci ritrovammo con i padroni di casa.

Chiacchierammo con un anziano italiano che il nostro vecchio amico Mario e gli abitanti locali trattavano con rispetto. Ci disse in un russo zoppicante:

«Conosco un po' la Russia. Un tempo vivevo in Germania. Il *Kaiser* mi spedì a combattere contro i russi e mi fecero prigioniero».

I miei compagni mi affidarono il compito di spiegare la situazione all'anziano. Gli esposi brevemente la nostra richiesta: aiutarci a passare in Jugoslavia e lì unirci ai partigiani. Non avevamo armi e senza fucili automatici era difficile oltrepassare il confine. Qual era la via migliore da prendere per uscire dall'Italia? Non parlavamo italiano e le difficoltà erano molte…

Dopo le mie parole gli italiani intervennero tutti subito, senza alcun ordine. La conversazione si trasformò in discussione. Non parlavano molto, ma dai gesti e dalla mimica traspariva la loro agitazione.

Avevo forse detto qualcosa di sbagliato? L'amichevole stretta di mano di Griša, che si trovava vicino a me, mi tranquillizzò. «Hai spiegato tutto per bene, Serega[18]», mi rassicurò. Aspettammo che gli italiani tacessero.

In Jugoslavia si poteva arrivare solo via piroscafo[19]. Fra i marinai delle piccole imbarcazioni c'erano degli amici fidati. Ma dove trovare i soldi per i biglietti e per i vestiti?

Наконец старик объявил: нам надо переждать трое-четверо суток. Связные отправятся в партизанский центр посоветоваться, как поступить с группой русских военнопленных. Нас распределят по двое-трое среди крестьян. На всякий случай нам выдадут по одной гранате.

Другого выбора у нас не было. Мы согласились с предложением старика. Будем держать постоянную связь между собою, запоминать итальянские слова, привыкать к жестам итальянцев, чтобы лучше понимать их. Это расценивалось как боевое задание.

Я попал на постой с Петром Малышевым. Хотелось остаться с Гришей Пристансковым, но он выбрал себе напарником Николая Черноуса. [p. 12]

Старый знакомец Марио нас не покидал. Иногда он исчезал из села, потом вновь появлялся. Через него мы узнавали новости. Оказывается, крестьяне не хотят, чтобы мы уходили в Югославию: с русскими лучше уничтожать чернорубашечников, советские люди — храбрые воины, зачем им покидать Италию? Что же касается оружия, оно будет. В провинции Форли создается новая партизанская бригада, — там найдутся и гранаты, и пулеметы, даже артиллерия у них будет. Нужны люди смелые, храбрые. Каждый находящийся на итальянской земле должен поддерживать движение Сопротивления. К этому призывает итальянская компартия.

В словах нашего Друга Марио была правда. Мы понимали, что граница между Югославией и Италией охраняется отборными эсэсовскими частями. Можно сложить голову в случайной схватке.

Скорее бы достать оружие, скорее бы связаться с руководством партизанского движения...

Воскресный день решил многое.

Alla fine il vecchietto dichiarò che avremmo dovuto aspettare tre o quattro giorni. I corrieri si sarebbero recati al centro direttivo partigiano per chiedere consiglio su come comportarsi con noi russi. Ci avrebbero smistati in gruppi di due o tre fra i contadini e, per sicurezza, ci avrebbero dato una granata ciascuno.

Non avevamo altra scelta e accettammo la proposta dell'anziano. Ci saremmo tenuti costantemente in contatto, memorizzando nel frattempo parole nuove e prendendo confidenza con la gestualità degli italiani per capirli meglio.

La prendemmo come una missione militare. Io capitai nello stesso alloggio di Pëtr Malyšev. Avrei preferito rimanere con Griša, ma lui scelse come compagno Nikolaj Černous. [p. 12]

Il nostro vecchio amico Mario non ci abbandonò. Ogni tanto spariva dal paese, ma poi ricompariva sempre. Grazie a lui venivamo a sapere le novità. Saltò fuori che i contadini non volevano che andassimo in Jugoslavia: era meglio annientare le camicie nere con l'aiuto dei russi; i sovietici erano soldati valorosi, perché mai avrebbero dovuto lasciare l'Italia? Per quanto riguardava le armi, se le sarebbero procurate. In provincia di Forlì si stava costituendo una brigata partigiana: lì avrebbero trovato granate, mitragliatrici e persino l'artiglieria. Serviva gente coraggiosa e impavida. Chiunque si trovasse sul suolo italiano doveva sostenere il movimento della Resistenza. Questa l'esortazione del Partito comunista italiano.

Quello che diceva il nostro amico Mario era vero. Sapevamo che il confine fra Italia e Jugoslavia era sorvegliato da truppe scelte delle SS. Il rischio di lasciarci la pelle in uno scontro a fuoco era molto alto.

Meglio procurarsi le armi al più presto e mettersi in contatto quanto prima con i capi del movimento partigiano…

La domenica si rivelò decisiva sotto molti aspetti.

Вечером мы долго не спали, ожидая прихода Марио. Он задерживался. И это настораживало нас. Вдруг за дальними посадками послышались выстрелы и взрыв гранаты. Стреляли, конечно, фашисты, но гранатой мог воспользоваться и наш товарищ.

Вместе с Петром Малышевым я укрылся на чердаке, оттуда был лучший обзор местности.

Неожиданно к нам вскочил Марио, схватил меня за руки, позвал с собою Петра.

В руках у нас блеснули гранаты. Но Марио остановил: еще рано их бросать, надо укрыться в винограднике, потом уходить в рощу, иначе фашисты возьмут в кольцо. А как же товарищи? Но спрашивать было поздно. Мы спустились с чердака, незаметно прошмыгнули через заросли виноградника. Оказывается, это Марио бросил гранату, чтобы отвлечь на себя внимание чернорубашечников и предупредить нас. Так было условлено заранее. Всех русских итальянцы приведут в рощу.

Уже через несколько минут наша группа была в сборе. По дороге ребята еще дважды забрасывали фашистов гранатами.

Нам объяснили, что впереди лежит река По. В зарослях камыша нас ожидают с лодкой. Нам предстояло [p. 13] расстаться с товарищем Марио — верным другом, человеком чистой души.

На другом берегу показались люди. И на этот раз партизанская «цепочка» действовала как по хорошо выверенному расписанию.

СПЕЦИАЛЬНЫЙ ГРУЗ

Чтобы добраться до партизанского центра, нам предстояло пройти город Феррару. А там немецкие гарнизоны, отборные отряды итальянских карабинеров, посты проверки. Как быть?

Quella notte non dormimmo molto in attesa dell'arrivo di Mario. Quest'ultimo, però, tardava e la cosa ci rendeva inquieti. All'improvviso, al di là dei frutteti lontani, risuonarono degli spari e il rumore dell'esplosione di una bomba. A sparare erano di certo i fascisti, ma la granata poteva anche essere opera del nostro compagno.

Io e Pëtr Malyšev ci rifugiammo in soffitta, da dove si godeva di una visuale migliore sul territorio.

All'improvviso spuntò Mario, che mi prese per mano e chiamò a sé Pëtr.

Ci comparvero in mano delle granate. Ma Mario ci fermò: era ancora presto per lanciarle, dovevamo nasconderci nella vigna e quindi sbucare nel boschetto, altrimenti i fascisti ci avrebbero accerchiati. E come stavano gli altri compagni? Ma non c'era più tempo per fare domande. Scendemmo dalla soffitta e strisciammo di soppiatto tra le piante del vigneto. Scoprimmo che era stato Mario a sganciare la granata per attirare l'attenzione delle camicie nere su di sé e avvertirci. Gli italiani avevano già stabilito in precedenza di condurre tutti i russi nel boschetto.

Già dopo alcuni minuti i membri del nostro gruppo erano tutti presenti sul posto. Lungo la via, gli uomini lanciarono altre due volte le granate contro i fascisti.

Ci spiegarono che più avanti c'era il fiume Po e che ci aspettavano con una barca in mezzo al canneto. [p. 13] Era giunto il momento di salutare il compagno Mario, un amico fedele, un uomo dall'animo puro.

Sull'altra riva comparvero delle persone. E anche questa volta la "catena" partigiana funzionò alla perfezione.

UN CARICO SPECIALE

Per arrivare al centro direttivo partigiano dovevamo attraversare Ferrara, però lì c'erano guarnigioni tedesche, reparti scelti dei carabinieri e posti di blocco. Come fare?

Но и здесь итальянские коммунисты оказались находчивыми людьми.

К нам прислали грузовую автомашину. С виду она напоминала крытый фургон, только с укороченным ящиком, немного отступающим от бортов. Сверху ящика лежала свекла.

— Быстро! Садитесь! — распорядился юркий итальянец.

Он поднял железную решетку, — лишь теперь мы заметили ее на задней стенке фургона. Внутри ящика было пусто.

Железную решетку опустили за нами. Потом засыпали ее свеклою, Коренья стучали с трех сторон и над головой.

Послышалась четкая команда, и наш грузовик двинулся в путь. Уже через несколько минут мы стали улавливать шум и грохот, городскую толчею. Вот мимо промчались легкие танкетки, они звенели своими гусеницами по булыжнику. Слышались перестук трамвая, рожки легковых машин.

Нас останавливали. На две-три минуты, не больше.

Видно, проверяли документы водителя.

В ящике вместе с нами находился тот самый юркий распорядитель, который занимался погрузкой нашей группы. Гриша Пристансков уже успел расспросить его: куда путь держим, как удалось достать машину, оборудовать ее, запастись проездными документами? Оказывается, наша машина имела особое назначение. Ей приказано доставить сахарную свеклу в какую-то [p. 14] важную лабораторию, считающуюся военным объектом. Это дает возможность следовать без задержки через самые важные посты. Иные часовые, правда, обходили вокруг машину, даже брали свеклу. В такие минуты мы не дышали.

Вот опять остановка.

Ma a questo punto i comunisti italiani si rivelarono pieni di risorse.

Mandarono un camion a prenderci. In apparenza sembrava un furgone telonato, ma aveva un cassone più corto del normale, con le sponde leggermente rientranti. Sopra il cassone c'erano delle barbabietole.

«Svelti! Sedetevi!», ci ordinò un italiano scattante.

Sollevò una grata di ferro, che solo allora notammo trovarsi sulla parete posteriore del furgone. L'interno del cassone era vuoto.

Abbassarono la grata su di noi e poi la ricoprirono di barbabietole, e le loro radici sbatacchiavano sui tre lati e sopra le nostre teste.

Sentimmo distintamente un ordine e il furgone si mise in moto. Già dopo qualche minuto cominciammo a cogliere vari rumori, confusione, il trambusto della città. Sentimmo passare dei carri armati leggeri, il clangore dei loro cingoli sul ciottolato. Si udivano lo sferragliare del tram e i clacson delle vetture.

Ci fermavano, ma non per più di due o tre minuti.

Evidentemente controllavano i documenti del conducente.

Insieme a noi nel cassone c'era anche quell'uomo scattante che ci aveva caricati sul furgone. Griša era già riuscito a chiedergli quale strada avremmo seguito, com'erano riusciti a trovare quel mezzo, a equipaggiarlo e a procurarsi i documenti di viaggio. Apprendemmo che il nostro mezzo era destinato a un uso speciale. Era infatti preposto a trasportare le barbabietole da zucchero in un[p. 14] importante laboratorio ritenuto un obiettivo bellico. Ciò ci dava la possibilità di passare senza soste attraverso i posti di blocco più importanti. A dire il vero alcune sentinelle fecero il giro del furgone, prendendo addirittura alcune barbabietole. In quei momenti trattenemmo il fiato.

Ci fermarono un'altra volta.

— Пропуск! — слышим требовательный голос жандарма.

— Пожалуйста...

Минута молчания.

— Можете ехать...

— Спасибо...

Таким образом нам удалось миновать все посты чернорубашечников, самих немцев и благополучно добраться к окраинам Орженты. Село это лежало на равнине. Немцы побаивались заглядывать сюда. Поэтому здесь вольготно чувствовали себя партизаны.

Оржента оказалась лишь перевалочным пунктом. Нам предстоял еще не один час пути, чтобы оказаться в безопасном месте — в селе Ловизоло [sic].

ГОЛОС РОДНОЙ ЗЕМЛИ

Наконец-то к нам прибыли коммунисты из партизанского центра провинции Форли. Для встречи с ними собрались все мои товарищи. Разговор сводился к одному: как бы поскорее получить оружие и отправиться на выполнение боевых заданий? Друзья партизаны не хотели, чтобы мы сразу же попали под шальную фашистскую пулю.

Местные жители стали называть меня по-своему — Серджо.

Узнал я, что по всей Италии действуют партизанские отряды. В них сражаются против фашистов русские, поляки, шведы, немцы, французы, итальянцы, греки, румыны.

Это массовое, всенародное движение называется в стране Сопротивлением.

Рядом с нами сражались члены республиканской партии, у них были даже специальные партизанские соединения, носившие имя Мадзини, были другие отряды, представлявшие мелкобуржуазные слои населения. [p. 15]

«Lasciapassare!», chiese un gendarme in tono imperioso.

«Ecco a lei...».

Un minuto di silenzio.

«Vada pure».

«Grazie...».

In questo modo riuscimmo a oltrepassare tutti i posti di blocco delle camicie nere e anche dei tedeschi, giungendo senza incidenti alla periferia di Argenta[20]. Questo paese si trovava in pianura e i tedeschi non si fidavano a spingersi fin lì. Pertanto, qui i partigiani si sentivano al sicuro.

Argenta si rivelò essere solamente un punto di transito. Ci aspettava ancora un viaggio di più di un'ora prima di giungere in un luogo sicuro, a Lavezzola[21].

LA VOCE DELLA MADREPATRIA

Finalmente vennero da noi i comunisti del centro direttivo partigiano della provincia di Forlì. Per l'occasione si riunirono tutti i miei compagni. La conversazione verteva su un'unica questione: come procurarsi al più presto le armi e organizzare delle azioni? I nostri amici partigiani non volevano certo che fossimo raggiunti dai proiettili vaganti dei fascisti.

Gli abitanti del luogo italianizzarono il mio nome in *Sergio*.

Venni a sapere che in tutta Italia esistevano delle formazioni partigiane alle quali si erano uniti russi, polacchi, svedesi, tedeschi, francesi, italiani, greci e rumeni per combattere il fascismo.

Questo movimento popolare e di massa in Italia veniva chiamato Resistenza.

Al nostro fianco combattevano membri del Partito repubblicano, che avevano addirittura delle formazioni loro, le Brigate Mazzini, e delle altre forze che rappresentavano i ceti piccolo borghesi della popolazione. [p. 15]

Но все они входили в единое целое — национальное движение Сопротивления.

Мы знали, что участники Сопротивления наносят ощутимые удары по фашистам внутри страны; так возникли громадные пожары на заводе Фиат-Мирафьери в Турине, на радиозаводе в Милане и на других крупных Предприятиях, выпускавших военную продукцию.

Борьба с фашистами стала интернациональным делом. Местные жители слагали легенды о командире русского ударного батальона капитане Владимире Переладове, который действовал в провинции Модена. В его соединении — такие же недавние военнопленные, как и мы. Итальянцы восхищались боевыми успехами другого прославленного партизанского соединения, которым командовал «капитан руссо Вольдемар». Под этим именем, как потом мы узнали, действовал в районе Флоренции советский офицер Владимир Жуков-Журков. Обо всем этом говорили нам товарищи-коммунисты, навестившие нас от имени партизанского центра.

Нам предстояло пополнить состав вновь организуемой 8-й партизанской бригады, которая будет носить имя легендарного героя Италии Джузеппе Гарибальди. Там предполагают создать русско-славянскую группу.

Надо знать, как чтут итальянцы Гарибальди. Они называют его «ребенком с отвагой льва». Мы гордились тем, что сражались плечом к плечу с итальянскими антифашистами, и тоже именовали себя гарибальдийцами.

Нам впервые довелось держать браунинги, парабеллумы, пистолеты разных марок. Патроны мы пересчитывали как самую большую драгоценность. Николай Черноус даже на зуб попробовал одну гильзу, — ему, видно, не верилось, что она настоящая. А Гриша Пристансков шепнул мне:

— Ночью в засаду пойдем...

Ad ogni modo, facevano tutte parte di un unico movimento nazionale, la Resistenza.

Sapevamo che i membri della Resistenza colpivano con azioni concrete i fascisti all'interno del Paese; a loro si dovevano i terribili incendi nello stabilimento della Fiat Mirafiori di Torino, nella fabbrica di radio di Milano e in altre importanti aziende impegnate nella produzione bellica.

La lotta contro il fascismo era divenuta una questione internazionale. Gli abitanti del Paese narravano le gesta del comandante del battaglione sovietico d'assalto, il capitano Vladimir Pereladov, attivo in provincia di Modena[22]. Del suo reparto facevano parte ex prigionieri di guerra, proprio come noi. Gli italiani nutrivano una forte ammirazione anche per i successi bellici di un altro celebre reparto partigiano, comandato dal "capitano russo Voldemar". Dietro questo nome, come scoprimmo in seguito, operava nella zona di Firenze l'ufficiale sovietico Vladimir Žukov-Žurkov[23]. Tutto ciò lo apprendemmo dai compagni comunisti venuti a farci visita a nome del centro direttivo.

Noi saremmo andati a infoltire le fila della 8ª brigata partigiana[24] di nuova formazione, che sarebbe stata intitolata all'eroe nazionale Giuseppe Garibaldi. Avevano infatti intenzione di creare un nucleo slavo all'interno della brigata.

È bene sapere che gli italiani veneravano Garibaldi e lo avevano battezzato "il bambino col coraggio da leone"[25]. Noi eravamo fieri di combattere fianco a fianco con gli antifascisti italiani e ci definivamo anche noi garibaldini.

All'inizio ci capitò di usare browning, luger e pistole di vari modelli. Consideravamo le cartucce il nostro bene più prezioso. Nikolaj Černous provò addirittura un bossolo con i denti: a quanto pare, non riusciva a credere che fosse vero. Griša Pristanskov mi sussurrò:

«Stasera tendiamo un'imboscata...».

— Погоди, не горячись, земляк, — остановил я своего приятеля.

Мой жест заметил итальянский коммунист. И тут же предупредил всех товарищей:

— На улицу не выходить! Оружие вам дали только на случай самообороны. Дисциплина прежде всего. Жить будете на частных квартирах, хозяева уже предупреждены. [р. 16 предуп-] Этого требует обстановка... Надеюсь, товарищ Серджо объяснит все своим солдатам...

— Да, мои товарищи знают обстановку, — за всех ответил я.

Итальянцы включили приемник. Они понимали, как хочется русским услышать голос родной Москвы. Все насторожились, притихли.

Передавалось сообщение «От Советского информбюро». Наши войска освободили города и села... Голос диктора стал самым желанным, самым родным.

Мы расцеловались. У меня выступили слезы. За долгие месяцы лагерной жизни каждый истосковался по родине.

А радиоприемник опять рассказывал:

— Партизанское соединение товарища В. разгромило штаб, гитлеровской дивизии. Взорвано четыре эшелона с военным оборудованием. В освобожденных от фашистов районах восстанавливают школы, больницы, жилые дома...

Если советские партизаны так успешно действуют на своей земле, почему же мы должны отставать от них, когда в руках есть оружие?..

НАКОНЕЦ-ТО!

Мы опять вернулись в сель Ловезоло. Трудно было позабыть встречу с товарищами из партизанского центра, но ещё труднее ожидать боевого приказа.

«Calma, non ti scaldare, compaesano», lo fermai.

Un comunista italiano notò il mio gesto e ammonì quindi tutti i compagni:

«Non uscite in strada! Le armi vi sono state date solo a scopo di autodifesa. La disciplina innanzi tutto! Starete in abitazioni private, abbiamo già avvisato i proprietari.[p. 16] Sono le circostanze a richiederlo... Confido che il compagno Sergio vorrà spiegare tutto ciò ai suoi soldati...».

«Certo, i miei compagni conoscono la situazione», risposi io a nome di tutti.

Gli italiani accesero la radio. Capivano benissimo che noi russi non vedevamo l'ora di sentire la voce della nostra adorata Mosca. Tendemmo le orecchie, facendo silenzio.

Stavano trasmettendo il programma "Notizie dal Sovinformbûro"[26], l'agenzia di stampa sovietica. Le nostre truppe avevano liberato città e paesi... Che gioia, che emozione le parole dell'annunciatore!

Ci scambiammo dei baci e mi spuntarono le lacrime agli occhi. Dopo quei lunghi mesi di prigionia nel campo sentivamo tutti nostalgia della nostra madre patria.

La radio riprese a parlare:

«Il reparto partigiano del compagno V. ha sgominato il quartier generale di una Divisione nazista. Quattro convogli con attrezzature militari sono stati fatti saltare in aria. Nelle zone liberate dai nazisti vengono ricostruiti scuole, ospedali, abitazioni...».

Se i partigiani sovietici stavano facendo un così buon lavoro in patria, perché noi dovevamo essere da meno, visto che ora avevamo le armi?

FINALMENTE!

Tornammo a Lavezzola. Difficile dimenticare l'incontro con i compagni del centro direttivo, e ancor più difficile era stare ad aspettare un ordine militare.

Хозяина дома, где я помещался, звали Бруно. Он не был коммунистом. И его сосед, отец Рико, тоже считал себя лишь противником Гитлера и Муссолини.

Это были обыкновенные труженики. Они ненавидели помещиков, капиталистов. Расспрашивали нас о России, интересовались бытом советских людей. Дом Бруно и отца Рико всегда был открыт для простых людей. В Ловезоло они считались уважаемыми хозяевами, добрыми друзьями.

Чтобы как-то скоротать время, я помогал им ухаживать за скотом, приводил в порядок коровник, кормил птицу. Дров потребуется нарубить — и это сделаю. Воду достать из колодца тоже нетрудно. Ведь крестьянская работа для меня не новинка, всю сознательную [p. 17] жизнь я провел на родной колхозной земле, в своей Верхней Гнилуше.

Длинные вечера коротали за воспоминаниями о России, о Москве, о нашем Черноземье, о Волге, о Доне. Как мог, я рассказывал обо всем, что могло помочь итальянцам понимать наш народ.

В то утро жена Бруно вынесла развешивать выстиранное бельё. Я и не заметил, как подъехал на велосипеде незнакомый человек и остановился около ворот.

— Бонджорно! — приветствовал он меня.

При виде незнакомца хозяйка уронила тазик с бельем.

По всей вероятности, она приняла его за фашиста.

— Я товарищ... — Неизвестный предложил пройти в дом. Там он показал свой партийный билет. Сомнения мои рассеялись.

Он сказал: по поручению комитета Сопротивления он должен сопровождать нашу группу в горы, в зону, где обоснуется новый партизанский отряд. Вчера уже отправили туда восемнадцать человек, с ними винтовки, ручной пулемет.

Il padrone di casa che mi ospitava si chiamava Bruno. Non era un comunista e il suo vicino, padre Rico, si riteneva solamente nemico di Hitler e di Mussolini.

Erano solo dei gran lavoratori che odiavano i proprietari terrieri, i capitalisti. Ci chiedevano della Russia, della vita dei sovietici. La casa di Bruno e di padre Rico era sempre aperta per la gente semplice. A Lavezzola tutti li ritenevano persone rispettabili, amici di buon cuore.

Per ammazzare un po' il tempo, li aiutavo ad accudire il bestiame, sistemavo la stalla dove tenevano le mucche e davo da mangiare ai polli. Se c'era da spaccare la legna, ci pensavo io. Anche andare a prendere l'acqua dal pozzo non era per me un problema. Dacché ho memoria, infatti,[p. 17] ho sempre fatto vita contadina, lì nel mio kolchoz, nella mia Verhnââ Gniluša.

Le lunghe serate le trascorrevamo ricordando la Russia, Mosca, la nostra regione dalle terre nere, il Volga, il Don. Cercavo di raccontare come meglio potevo tutto ciò che potesse aiutare gli italiani a capire il nostro popolo.

Una mattina la moglie di Bruno era uscita a stendere il bucato e nemmeno io mi accorsi che uno sconosciuto in bicicletta si era avvicinato e si era fermato vicino all'ingresso.

«*Buongiorno*»[27], mi salutò lo sconosciuto.

Alla vista dello sconosciuto la padrona di casa lasciò cadere la bacinella con la biancheria.

Probabilmente l'aveva preso per un fascista.

«Sono un compagno…». Lo sconosciuto propose di entrare in casa, dove ci mostrò la tessera del partito. I miei dubbi svanirono.

Ci disse che per ordine del Comitato della Resistenza doveva accompagnare il nostro gruppo fra le montagne, in una zona dove avrebbero stabilito il nuovo reparto partigiano. Il giorno prima vi avevano già mandato diciotto persone, con tanto di fucili e mitragliatrice leggera.

— Наконец-то, наконец! — этими словами встретил радостное известие Гриша Пристансков, когда я пригласил к себе его и остальных ребят.

Вечером мы отправились в далекий путь. Все желали нам удачи. По этому поводу Бруно налил бокалы домашнего вина.

— За победу! — поднял он свою чарку.

Отец Рико, пожимая мне руку на прощание, сказал:

— Вот они какие, русские люди... А нам говорили раньше, что советские коммунисты — дьяволы. Нам рисовали русских с рогами...

— Приезжайте в наш дом после победы, товарищи, — такими словами простилась с нами хозяйка.

За ночь доехали к первым предгорьям. Там нас встретили новые проводники, посланцы партизанского центра. Они отлично знали горные тропинки.

Два часа пути утомили нас. Но итальянцы не проявляли признаков усталости.

Небольшой домик, вернее, лесная сторожка, показался нам великолепным дворцом, а брошенная на каменный пол солома — пуховой постелью.

Три часа отдыха вновь вернули нам силы.

Перед нами теперь стояли большие горы. Плывущие [р. 18] в высоте облака не всегда касались их вершин. Между горами выделялась одна, покрытая мелким кустарником. У нее было звучное имя — Пашомадрелы. Если взойти на нее ранним светлым утром, можно, говорят, увидеть море, соседние с Италией страны, далекий мир. В сердце затеплилась, надежда: там, на заветной горе Пашомадрелы, мы обретем настоящую свободу, там получим оружие.

«Era ora, finalmente!» Queste le parole con cui Griša accolse la notizia quando lo convocai da me insieme agli altri.

La sera ci mettemmo in marcia per un lungo viaggio. Ci augurarono tutti buona fortuna. Per l'occasione Bruno ci versò del vino fatto in casa.

«Alla vittoria!», disse levando in alto il suo bicchiere.

Padre Rico, nello stringermi la mano per salutarmi, disse:

«Allora sono così, i russi… E pensare che ci avevano detto che i comunisti sovietici erano diavoli. Li raffiguravano con le corna…».

«Tornate a trovarci dopo la vittoria, compagni», ci salutò la padrona di casa.

In una notte arrivammo in zona pedemontana. Lì incontrammo le nuove guide inviateci dal comando partigiano. Conoscevano i sentieri di montagna come le loro tasche.

Le due ore di cammino ci sfinirono, mentre gli italiani non davano il minimo segno di stanchezza.

Una casupola – o meglio, un capanno per la legna – ci sembrò una reggia, mentre la paglia gettata sul terreno duro ci parve un letto di piume.

Tre ore di sonno ci restituirono le forze.

Davanti a noi si stagliavano ora le possenti montagne. Le nuvole[p. 18], pur alte in cielo, non sempre toccavano le loro vette. Fra i monti ne spiccava uno ricoperto di piccoli arbusti. Aveva un nome squillante, Passo dei Mandrioli[28]. Se si saliva in cima al mattino presto, in una giornata limpida, dicevano si riuscisse a vedere il mare, i paesi confinanti con l'Italia, un mondo lontano. Nel cuore ci si accese una speranza: lì, su quella remota montagna, Passo dei Mandrioli, avremmo conquistato la vera libertà, lì avremmo preso le armi.

ЗАСАДА

И вот мы на своей заветной горе. Внизу, под Пашомадрелы, раскинулось большое село Санто-София. Чтобы спуститься к нему, надо затратить всего сорок минут; подниматься будешь не менее двух часов.

Внизу — фашисты, наверху — мы, партизаны.

Нас такое соседство мало устраивало, чернорубашечников — тоже. Они догадывались, что в горы проникают все новые и новые партизанские группы. Карабинеры перекрывали многие тропинки, но разве можно остановить партизанского проводника, если он знает каждое деревцо, каждый выступ скалы, проведет товарищей по неведомым, затаенным тропкам? Сами же фашисты побаивались подниматься в горы.

Партизанский штаб располагался в двух небольших домиках. Говорят, что до войны здесь была обсерватория. Встретил нас товарищ Либиро, будущий командир 8-й бригады имени Джузеппе Гарибальди. В нем сразу же чувствовалась военная выправка. Капитан итальянской армии, он перешел на сторону Сопротивления, стал антифашистом.

Первый разговор коснулся обстановки, в которой мы находились. Карабинеров надо выгнать из Санто-Софии. Тогда отряд быстрее получит пополнение, в горы прибудет оружие, боеприпасы. Как это сделать? Ринуться в бой мы не можем: у партизан имелся только один ручной пулемет. С гранатами да пистолетами успеха не добьешься.

— Надо вызвать фашистов в горы, — предложил товарищ Либиро. — Сделаем засаду и уничтожим их.

План командира был смелым и необычным: партизаны пошлют в село своих товарищей, арестуют там главаря-фашиста,[р. 19 гла-] приведут его в горы, расстреляют. Труп положат на том самом месте, где укроется наша партизанская засада.

L'IMBOSCATA

Eccoci quindi sulla nostra montagna. Più giù, sotto il Passo dei Mandrioli, si estendeva un grosso centro, Santa Sofia. Per scendere in paese si impiegavano in tutto una quarantina di minuti, mentre a salire ci volevano almeno due ore.

In basso c'erano i fascisti; in alto, noi partigiani.

Questa vicinanza non faceva molto piacere né a noi, né ai fascisti. Questi ultimi immaginavano infatti che le montagne brulicassero di sempre nuovi gruppi partigiani. I carabinieri avevano chiuso molti sentieri, ma era davvero possibile fermare una guida partigiana quando questa conosceva ogni albero, ogni roccia e conduceva i compagni per sentieri sconosciuti e segreti? Gli stessi fascisti avevano un po' di paura a salire sui monti.

Il quartier generale dei partigiani si trovava in due casette. Ci avevano detto che prima della guerra lì c'era l'osservatorio. Ci accolse il compagno Libero[29], futuro comandante della 8ª brigata Garibaldi. In lui si percepiva subito un contegno marziale. Capitano dell'esercito italiano, era passato dalla parte della Resistenza ed era diventato antifascista[30].

La prima conversazione riguardò le circostanze in cui ci trovavamo. Bisognava cacciare i carabinieri da Santa Sofia, così i rinforzi della brigata sarebbero arrivati più velocemente e sulle montagne sarebbero giunte armi e munizioni. Come fare? Non potevamo ingaggiare uno scontro: i partigiani avevano una sola mitragliatrice leggera e non era possibile vincere solo con granate e pistole.

«Bisogna attirare i fascisti sui monti», propose il compagno Libero. «Tendiamo un agguato e li facciamo fuori».

Il piano del comandante era audace e insolito: i partigiani avrebbero mandato i propri compagni in paese, dove avrebbero rapito il gerarca[p. 19] fascista, l'avrebbero portato sui monti e l'avrebbero fucilato. Il cadavere sarebbe stato collocato proprio nel punto in cui li attendeva la nostra imboscata.

В село пошлют старика, местного жителя, который сообщит фашистам, что их главарь убит. А по приказу немецкой комендатуры мертвых надо немедленно предавать земле. Карабинеры будут вынуждены отправиться в горы. Тут и накроют их партизаны.

Командир Либиро спросил у меня:

— Кто из ваших товарищей пожелает пойти в село для ареста фашиста?

Я невольно посмотрел в сторону Гриши Пристанскова. Тот даже привстал от радости.

— Готов выполнить задание, — четко, по-военному отрапортовал он, причем сказал эту фразу по-итальянски.

— Хорошо, — согласился командир. Внешний вид нашего Гриши, видно, понравился итальянцу: флотская выправка, смелый взгляд — всего этого нельзя было не заметить.

— Разрешите и мне, — поспешил добавить я.

— Пойдете с нами.

Уже с вечера Гриша Пристансков приладил к своему поясу две гранаты, пару пистолетов, карманы набил патронами. Он попросил даже кургузый немецкий автомат, но ему отсоветовали брать лишнее оружие — стрелять все равно не придется; фашиста надо взять тихо, без шума.

В полночь пятеро партизан спустились в село. Каким способом они взяли фашиста, Гриша не рассказывал. Ему запомнилось главное — как он вел местного фашистского главаря, как забивал ему в горло кляп. «Привели к месту. Поставили к дереву. Зачитали бумагу. К смертной казни приговорили гадину», — такими короткими фразами поведал нам Гриша о своем ночном походе, о первом боевом задании.

Avrebbero quindi mandato in paese un vecchietto, un abitante del luogo, che avrebbe detto ai fascisti che il loro gerarca era stato ucciso. Per ordine dell'ufficio del comandante militare tedesco i cadaveri andavano seppelliti subito. I carabinieri sarebbero quindi stati costretti a salire sui monti, dove i partigiani li avrebbero colti di sorpresa.

Il comandante Libero mi chiese:

«Fra i suoi compagni chi è che vuole andare in paese a sequestrare il fascista?».

Guardai istintivamente in direzione di Griša Pristanskov, che si era addirittura alzato in piedi, raggiante.

«Pronto per la missione», recitò scandendo le parole in tono marziale, tra l'altro in italiano.

«D'accordo», acconsentì il comandante. Chiaramente agli italiani piaceva il nostro Griša: con quel portamento da marinaio, lo sguardo impavido, era impossibile non notarlo.

«Mi permetta di partecipare», mi affrettai ad aggiungere.

«Permesso accordato».

Fin dalla sera Griša Pristanskov aggiunse al cinturone due granate e un paio di pistole, e si riempì le tasche di cartucce. Chiese anche un mitra tedesco a canna corta e stretta, ma gli sconsigliarono di portare con sé delle armi superflue, perché tanto non si doveva sparare; il fascista andava portato via in silenzio, senza chiasso.

A mezzanotte cinque partigiani scesero in paese. Griša non raccontò in che modo avessero catturato il fascista. Riportò solo l'essenziale: come aveva condotto fin lì il gerarca locale e come gli aveva ficcato in gola un bavaglio. «L'abbiamo portato nel punto stabilito, l'abbiamo messo sotto un albero e gli abbiamo letto la sentenza. L'abbiamo condannato a morte, la canaglia»: con queste brevi frasi Griša ci narrò la sua spedizione notturna, la sua prima azione militare.

Утром в село пошел старик, местный житель. Для большей убедительности он собрал связку сухих сучьев, перекинул ее за спину. Ходил, мол, за валежником и случайно натолкнулся на труп человека.

Наша боевая группа пошла в засаду.

С вершины все видно: зашевелились карабинеры, забегали по селу. Вот из того дома, где ночью взяли[p. 20] хозяина, выбежала женщина; она потрясала в воздухе руками, оплакивала мужа.

К двенадцати дня взвод карабинеров собрался в горы. У него имелось неплохое вооружение: два ручных пулемета, три автомата и около трех десятков винтовок. Кроме того, у каждого солдата висел на поясе пистолет. После полудня с гор спустился туман. В десяти шагах не различишь кустарника. Вот это и помогло нам получше рассредоточить засаду. Мы слышали торопливые шаги карабинеров, их возбужденный говор. Для полной удачи пропустили солдат мимо себя.

Горная дорожка позволяет идти только по одному. Слышно, как в пропасть летят мелкие камни, сбитые ботинками карабинеров. Наша засада притихла сбоку тропинки, растянувшись на пятьдесят метров. Впереди мы поставили пулемет.

Они все ближе и ближе. Я лежу рядом с товарищем Либиро. Слышится разговор среди карабинеров:

— А что, если партизаны?

— Говорят, они есть в горах...

И тут же голос:

— Мы им такое дадим, что будут век помнить.

Il mattino seguente il vecchietto, un abitante del posto, andò in paese. Per risultare più convincente aveva raccolto un fascio di rami secchi, che si era caricato sulla schiena. Stava raccogliendo un po' di legnetti – disse – quando era incappato nel cadavere di un uomo. Il nostro gruppo di combattenti andò a posizionarsi per l'agguato.

Dalla vetta si vedeva tutto.

I carabinieri cominciavano a muoversi, iniziando a correre per il paese. Ed ecco che dalla casa dalla quale avevano prelevato il proprietario[p. 20] uscì una donna che agitava le braccia in aria, piangendo il marito.

Verso mezzogiorno il plotone dei carabinieri si mise in marcia verso i monti. Avevano delle armi di tutto rispetto: due mitragliatrici leggere, tre mitra e circa una trentina di fucili. Inoltre, ogni soldato aveva una pistola appesa alla cintura. Dopo mezzogiorno dalle montagne calò la nebbia. Non si vedeva a dieci passi di distanza, cosa che ci consentì di sparpagliarci per un agguato migliore. Sentivamo i passi frettolosi dei carabinieri, il loro parlottio animato. Per la buona riuscita dell'imboscata lasciammo che i militi ci passassero davanti.

La strada di montagna permetteva di procedere solo uno alla volta. Si sentivano cadere nel burrone i sassolini colpiti dagli stivali dei carabinieri. Il nostro gruppo se ne stava silenzioso di fianco al sentiero, che si stendeva per cinquanta metri. In testa avevamo piazzato una mitragliatrice.

Erano sempre più vicini. Io ero accanto al compagno Libero. Si udivano le parole che si scambiavano i carabinieri:

«E se ci sono i partigiani?».

«Si dice che siano sulle montagne...»

E la stessa voce aggiunse:

«Gliene daremo talmente tante, che se ne ricorderanno per sempre».

Товарищ Либиро сжимает мою руку. Это сигнал — приготовиться. Я передаю его по цепочке другим бойцам. Словно из-под земли вырывается голос нашего командира:

— Руки вверх!

В его сторону раздается выстрел, второй. Наш пулемет сразу же прижимает фашистов к земле. Кто-то кричит, кто-то, спасаясь, падает в траву. Громкое партизанское «ура» вконец ошеломило карабинеров. Когда я подбежал поближе, то увидел странную картину; фашисты лежали на спине, подняв кверху руки и ноги. Наши красные звезды на пилотках произвели на них большее впечатление, чем выстрелы. Фашисты знали: от партизан не дождешься пощады, убьют на месте.

— Ой, мама, санта мадонна, спаси нас!

Как выяснилось, командира карабинеров ранило в обе ноги, один солдат был убит.

Всех пленных мы погнали к штабу. Оружие они отдали без сопротивления. Когда приказали снять верхнюю одежду, многие опустили головы: значит, будут расстреливать. Но товарищ Либиро спокойно пояснил:

[p. 21]

— Ваше обмундирование необходимо партизанам для новых операций. Мы будем бить фашистов до полной победы, — уверенно произнес он. — Если кто желает остаться в живых, пусть даст расписку, что он не будет служить Муссолини, никогда больше не станет карабинером. Каждому встречному будете говорить, что в горах много партизан, у них, мол, есть оружие. С нами, итальянцами, сражаются русские друзья. Мы свернем шею каждому фашисту!

Речь товарища Либиро произвела большое впечатление. Карабинеры не ожидали такого оборота. Оставшись в нижнем белье, они вызывали невольную улыбку.

Гриша Пристансков напомнил про «Катюшу».

Il compagno Libero mi strinse la mano. Era il segnale di stare pronti. Ce lo passammo l'un l'altro. La voce del nostro comandante esplose come se provenisse da sotto terra:

«Mani in alto!»

Dalla sua parte riecheggiò uno sparo, poi un altro. La nostra mitragliatrice inchiodò a terra i fascisti. Qualcuno gridò, qualcun altro, salvandosi, cadde sull'erba. Alla fine il sonoro "urrà" dei partigiani sbigottì i carabinieri. Quando mi avvicinai di corsa, innanzi agli occhi mi si presentò una strana scena: i fascisti erano in posizione supina, con le gambe e le mani sollevate. Le stelle rosse sulle nostre bustine li spaventarono più degli spari. I fascisti lo sapevano bene: dai partigiani nessuna pietà, uccidevano sul posto.

«Oh *mamma, santa Madonna*[31], salvaci!».

Si scoprì che il comandante dei carabinieri era ferito a entrambe le gambe, mentre uno dei loro era rimasto ucciso.

Portammo i prigionieri al quartier generale. Ci consegnarono le armi senza opporre resistenza. Quando gli ordinammo di togliersi i vestiti, molti chinarono il capo: voleva dire che li avremmo fucilati. Ma il compagno Libero spiegò in tono pacato:[p. 21]

«Le vostre uniformi servono ai partigiani per nuove azioni. Lotteremo contro i fascisti fino alla completa vittoria», pronunciò con voce sicura. «Se volete continuare a vivere, giurate per iscritto di non servire mai più Mussolini, di non essere più carabinieri. A tutti quelli che incontrerete, direte che fra le montagne ci sono molti partigiani e che sono armati. Insieme a noi italiani combattono gli amici russi. Spezzeremo il collo a tutti i fascisti!».

Il discorso del compagno Libero produsse un grande effetto. I carabinieri non si aspettavano quella svolta. Con indosso solo la biancheria, facevano quasi sorridere.

Griša Pristanskov intonò «Katûša».

Знакомому мотиву обрадовались и русские, и итальянцы, каждый исполнял песню на свои слова: мы — про тот самый берег, на который выходила легендарная Катюша, а итальянцы — про свои любимые горы.

Эта первая засада показала нам, какими методами действуют местные партизаны. Наряду с карательной операцией они использовали и методы убеждения, стремились привлечь людей на свою сторону.

НЕУДАЧА

В ноябрьские дни к нам поступило большое пополнение. Кроме итальянцев в горы пришли чехословаки [sic], русские, югославы, даже немцы и румыны.

Осенняя пора создавала много трудностей. На вершине Пашомадрелы подули холодные ветры. Участились дожди, а небольшое помещение не могло укрыть отряд. Создавались неудобства и с заготовкой продовольствия, было ясно, что приближение зимы требует принятия экстренных мер.

Командование бригады решило разбить соединение на три боевые группы, как говорят итальянцы, создать три «дестокомента». Тогда-то и определилась наша русско-славянская группа, в которую включили русских, чехословаков [sic] и югославов, — человек около восьмидесяти. Командиром этой группы избрали меня, комиссаром — итальянца Жулиса.

Опорным пунктом нашей группы стало небольшое местечко Сан-Паоло. Зона действия — села Самперу-Баня,[р. 22] Санто-София, Галиата, Бебена и предгорья Пашомадрелы, где проходила дорога Рим — Болонья.

С чего начинать? Ведь теперь я отвечаю не только за себя. Под моим, началом находится целое боевое соединение.

La nota melodia rallegrò sia i russi sia gli italiani, e ognuno cantava la propria versione: la nostra parlava della riva lungo la quale camminava la leggendaria Katûša, mentre quella degli italiani cantava le loro adorate montagne.

Quel primo agguato ci mostrò quali metodi usavano lì i partigiani. Oltre alle azioni punitive, ricorrevano infatti anche alla persuasione, cercando di portare altri dalla propria parte.

UN FIASCO

A novembre giunsero numerosi rinforzi. Oltre agli italiani sui monti arrivarono infatti cecoslovacchi, russi, jugoslavi e persino tedeschi e rumeni.

L'autunno, però, ci creava non poche difficoltà: in cima a Passo dei Mandrioli soffiavano venti gelidi, le piogge si fecero più frequenti e la piccola base non poteva offrire riparo a tutto il reparto. Sorsero dei disagi anche con gli approvvigionamenti; era chiaro che con l'avvicinarsi dell'inverno si rendevano necessarie misure straordinarie.

Il comando della brigata decise di suddividere il reparto in tre gruppi di combattimento e, come dicevano gli italiani, creare tre "distaccamenti"[32]. Fu così che si venne a creare il nostro battaglione slavo, composto da russi, cecoslovacchi e jugoslavi[33], per un totale di circa ottanta membri. Il comando del battaglione fu affidato a me, mentre come commissario fu nominato l'italiano Giulio[34].

Il nostro punto d'appoggio divenne il paese di San Paolo, mentre la nostra zona d'azione comprendeva San Piero in Bagno,[p. 22] Santa Sofia, Galeata, Bibbiena e la pedemontana del Passo dei Mandrioli, dove passava la strada Roma-Bologna[35].

Da dove cominciare? Ora non rispondevo più solo per me stesso, ma ero responsabile di un intero battaglione.

Прежде всего мы решили привести своих бойцов к партизанской присяге. Пока ребята отдыхали, устраивались с ночлегом, мы составили текст этой клятвы.

Утром построили всю группу. Мне необходимо было выступить с речью.

— Дорогие товарищи и друзья! Судьба забросила нас в итальянские горы, а итальянские товарищи помогли нам взять в руки оружие, которым мы должны отомстить немцам и итальянским фашистам за их зверства, за сожженные города и села. Но мы должны помнить, что нас могут убить. Значит, всегда должен быть в запасе патрон. От фашиста нельзя ждать пощады. Помните об этом, друзья! Дисциплина должна быть у нас армейская, а мы ее все знаем. Так поклянемся же, товарищи! Смерть немецко-фашистским бандитам! Клянемся!

— Клянемся!
— Клянемся!
— Клянемся!

Я видел возбужденное лицо Гриши Пристанскова, поблескивающие глаза Николая Черноуса, улыбку Петра Малышева и других товарищей. Нас понимали чехословаки [sic], югославы. Схожесть языков имела, конечно, свое значение. Но главным было стремление наносить удары по общему врагу — фашизму. Об этом говорилось в партизанской присяге, это было в душе каждого бойца.

В тот же день пошли в обход местности наши разведчики. Первую группу я направил в село Самперу-Баня. Ее возглавил комиссар Жулис. В Бебену пошел Грйша Пристансков с пятью бойцами.

Нам необходимо было разузнать обстановку, численность местных гарнизонов, расположение воинских подразделений.

Anzitutto decidemmo di far prestare il giuramento partigiano ai nostri combattenti. Mentre i ragazzi riposavano e si sistemavano per la notte, noi redigemmo il testo del giuramento.

Il mattino dopo riunimmo tutto il gruppo. Era opportuno che tenessi un discorso.

«Cari compagni e amici! Il destino ci ha condotto sui monti italiani, e i compagni italiani ci hanno aiutato a procurarci le armi con le quali dobbiamo far pagare ai nazisti e ai fascisti le loro atrocità, nonché vendicare i paesi e i villaggi dati alle fiamme. Ma dobbiamo ricordare che anche noi possiamo rimanere uccisi. Ciò significa che bisogna sempre avere con sé una scorta di cartucce. Da un fascista non ci si può aspettare misericordia. Ricordatelo, amici! Dobbiamo osservare una disciplina militare, ma quella la conosciamo tutti. Or dunque giuriamo compagni! Morte alle canaglie fasciste e naziste! Giuriamo!».

«Lo giuro!».
«Lo giuro!».
«Lo giuro!».

Vidi il volto animato di Griša Pristanskov, lo sguardo acceso di Nikolaj Černous, il sorriso di Pëtr Malyšev e degli altri compagni. I cecoslovacchi e gli jugoslavi capivano le nostre parole. Indubbiamente la somiglianza fra le nostre lingue aveva il suo peso, ma la cosa più importante era il desiderio di colpire un nemico comune, il fascismo. Di questo parlava il giuramento partigiano, questo era ciò che ogni combattente provava dentro di sé.

Quello stesso giorno i nostri ricognitori andarono a fare un giro di esplorazione nei dintorni. Mandai il primo gruppo, guidato dal commissario Giulio, a San Piero in Bagno. A Bibbiena invece mandai Griša Pristanskov con cinque soldati.

Era indispensabile che ci informassimo su come stavano le cose, sul numero di guarnigioni locali e sullo schieramento delle divisioni militari.

Мой штаб находился в отдельном домике. Два других дома, размером побольше, стали казармой бойцов. Местных жителей в Сан-Паоло насчитывалось не более двух десятков. Они сразу же поделились с нами продуктами, помогли устроить постели, дали смену белья, истопили [р. 23 исто-] баню. После долгого пребывания в горах нам необходим был настоящий отдых.

Спустя сутки из разведки возвратилась группа комиссара Жулиса. Мой заместитель был в восторге от удачной операции. Оказывается, в Самперу-Баня всего лишь восемнадцать карабинеров. Среди местных жителей есть пять членов фашистской партии, там же проживает их главарь. Ночью они находятся дома. Жандармы спят в казарме. Немцев в селе нет, они изредка проезжают через населенный пункт, да и то лишь днем.

Какой-то надежный человек уже связался с карабинерами, они готовы сдать оружие без боя. Пусть, мол, партизаны прибудут в казарму ночью, им откроют дверь, надо только разбить окна, чтобы немцы видели, как жандармы «стойко» отбивались от партизанских налетчиков. Из рассказа товарища Жулиса выходило, что местный гарнизон можно взять голыми руками. Даже лейтенант карабинеров согласился на мирную сдачу своего гарнизона.

Меня не удовлетворила такая информация.

— Для нас готовят ловушку, — заметил я комиссару.

— Что ты, Серджо, надо понимать наших итальянцев. Они не хотят воевать. Я сам разговаривал с карабинерами. Гитлер капут...

Высказывать недоверие своему комиссару мне не хотелось. Тем более на первых порах. И я согласился на разоружение в Самперу-Баня. Даже без блокирования села, не перерезая линии телефонной связи.

Il mio quartier generale si trovava in una casetta separata. Altre due case più grandi furono adibite a caserma. San Paolo contava non più di una ventina di anime, che subito condivisero con noi il loro cibo, ci aiutarono a preparare i letti, ci diedero biancheria pulita e ci prepararono anche un bagno caldo.[p. 23] Dopo la lunga permanenza fra i monti sentivamo il bisogno di riposarci come si deve.

Dopo un giorno, il gruppo del commissario Giulio fece ritorno dalla ricognizione. Il mio vice era euforico per l'esito felice dell'operazione. Avevano infatti scoperto che a San Piero in Bagno in tutto c'erano solo diciotto carabinieri. Fra gli abitanti locali c'erano cinque membri del partito fascista e lì abitava anche il loro gerarca. La notte la trascorrevano a casa, mentre i gendarmi dormivano in caserma. In paese tedeschi non ce n'erano; passavano di rado per il centro abitato e, in ogni caso, lo facevano di giorno.

Una persona fidata si era già messa in contatto con i carabinieri: erano disposti a consegnare le armi senza opporre resistenza. I partigiani sarebbero andati in caserma di notte e i carabinieri li avrebbero fatti entrare; bastava solo rompere le finestre per far vedere ai tedeschi la "determinazione" con la quale i gendarmi avevano cercato di respingere le canaglie partigiane. Dal racconto del compagno Giulio si capiva che la guarnigione locale poteva essere conquistata a mani nude. Persino il tenente dei carabinieri aveva accettato la resa pacifica del proprio presidio.

Queste informazioni non mi convincevano.

«È una trappola», feci notare al commissario.

«Ma no, Sergio, devi capire come sono fatti gli italiani. Non vogliono combattere. Ho parlato io stesso con i carabinieri. Hitler ormai è *kaputt*...».

Non volevo mostrare di non fidarmi del mio commissario, soprattutto in quei primi tempi. Pertanto acconsentii anch'io all'operazione di disarmo a San Piero in Bagno, anche se non avremmo assediato il paese né tagliato i fili del telefono.

А сердце подсказывало недоброе.

К вечеру мы достигли села. Дождались темноты и двинулись к казарме. Она была двухэтажная, обнесена высокой каменной оградой. Мимо проходила шоссейная дорога. На всякий случай я приказал выставить здесь охрану.

Все вокруг было тихо и спокойно.

Мы окружили казарму. Винтовки нацелили на окна. Мой комиссар уверенно подходит к воротам, нажимает кнопку звонка. Ответа не последовало. Он опять звонит.

Тишина.

— Откройте! — кричит комиссар. — Мы — партизаны!

За воротами молчание. Казарма будто вымерла. Комиссар нервничает. Вновь звонит, стучит кулаком в дверь. Потом приказывает ломать ее. Но едва ударили прикладами[р. 24 прикла-] по доскам, как за дверью послышались голоса:

— Подождите. Сейчас откроем.

Комиссар Жулис улыбнулся. Ведь он неспроста договорился о мирной сдаче казармы!

Но в нашу сторону полетели гранаты, из окон застрочили винтовки, автоматы. Мы оказались под сильным огнем. Осколком ранило комиссара. Двое наших товарищей -унесли его за ограду.

Я слышал, как звонил телефон. Жандармы просили помощи у своих соседей. Нам грозило окружение.

Из-за ограды я увидел жандармского лейтенанта. На какую-то секунду он выглянул в окно. Я крикнул ему:

— За обман ты заплатишь завтра же собственной жизнью, фашист!

А мне в ответ:

Ma avevo un brutto presentimento.

Verso sera raggiungemmo il paese. Aspettammo il calar delle tenebre e ci avviamo verso la caserma. Era un edificio su due piani, recintato da un alto muro di pietra. Davanti passava la strada principale. Per sicurezza ordinai di organizzare qui la difesa.

Intorno era tutto tranquillo e silenzioso.

Circondammo la caserma e puntammo i fucili contro le finestre. Il nostro commissario si avvicinò al portone con passo sicuro, quindi suonò il campanello. Nessuna risposta. Suonò di nuovo.

Silenzio.

«Aprite!» urlò il commissario. «Siamo i partigiani!».

Oltre il portone nessun rumore. Era come se la caserma fosse disabitata. Il commissario cominciò a innervosirsi. Suonò di nuovo, batté il pugno contro il portone, quindi ordinò di buttarlo giù. Ma non appena i nostri cominciarono a tirare calci[p. 24] contro le assi, da dietro la porta si udì una voce:

«Aspettate. Ora vi apriamo».

Il commissario Giulio sorrise: non per niente avevano concordato una resa pacifica della caserma!

Ma nella nostra direzione volarono delle granate e dalle finestre cominciarono a sparare fucili e mitra. Ci ritrovammo sotto un fuoco pesante. Il commissario fu ferito da una scheggia e due dei nostri compagni lo portarono in salvo dietro il muricciolo.

Sentii squillare il telefono: i gendarmi avevano chiesto aiuto ai vicini. Rischiavamo di essere accerchiati.

Da dietro il muro scorsi il tenente dei carabinieri. Per un breve secondo si affacciò alla finestra. Io gli gridai:

«Domani pagherai l'inganno con la vita, fascista!».

E lui in risposta:

— Мы еще посмотрим, кто будет платить — ты или я!

Обстановка осложнялась с каждой минутой. Вот-вот жандармы получат подкрепление.

Я приказал отходить.

На окраине села мы встретили отделение Николая Черноуса. Тот принял верное решение. Как только заслышал перестрелку около казармы, понял, что группа попала в ловушку. На всякий случай Николай арестовал главаря местных фашистов в его собственном доме. Велел ему позвонить в казарму и приказать прекратить стрельбу. Фашист не согласился, даже пригрозил расправой. Николай тут же прикончил его.

Вместе мы покинули село.

Кроме комиссара ранения получили еще двое бойцов. К счастью, убитых не было. Жулис истекал кровью, а у нас не имелось хороших бинтов. Помогли местные женщины — они отдали нам чистые простыни.

Я не находил себе места. Меня мучил стыд и терзала обида. Как же это я доверился ложным сведениям?

Нет, русская пословица верно говорит: семь раз отмерь, а тогда уж отрежь. Эта неудачная операция многому меня научила и заставила тщательнее готовиться к схваткам с врагом.

На второй день товарищи показали мне рукописную листовку, которая была расклеена по всему селу Самперу-Баня.

«Награда за поимку бандита.

Тот, кто изловит партизанского главаря Серджо, получит [р. 25 по-]50 тысяч лир. Предлагаем доставить бандита живым или мертвым! Кто желает получить 50 тысяч лир?»

«Vedremo chi la pagherà, se tu od io!».

La situazione peggiorava di minuto in minuto e stavano per arrivare i rinforzi dei carabinieri.

Diedi l'ordine di ritirarsi.

Ai confini del paese incontrammo il gruppo di Nikolaj Černous, che aveva agito con saggezza. Non appena aveva sentito gli spari vicino alla caserma, infatti, aveva capito che ci avevano teso una trappola. Per sicurezza Nikolaj aveva sequestrato il gerarca locale, portandolo nella sua stessa casa e qui gli aveva imposto di telefonare in caserma per ordinare il cessate il fuoco. Il fascista si era rifiutato, minacciando addirittura una rappresaglia. A quel punto Nikolaj l'aveva fatto fuori[36].

Lasciammo il paese insieme.

Oltre al commissario erano rimasti feriti altri due militanti. Per fortuna non c'era stato nessun morto. Giulio perdeva sangue, ma noi non avevamo bende. Ci vennero in aiuto le donne del paese dandoci delle lenzuola pulite.

Non riuscivo a darmi pace: ero oppresso da un senso di vergogna e l'onta mi bruciava. Come diavolo avevo fatto a fidarmi di informazioni false?

No, aveva ragione il proverbio, "fidarsi è bene, non fidarsi è meglio"[37]. Questa operazione fallita mi fu di grande lezione e fece sì che mi preparassi con maggiore cura agli scontri con il nemico.

Il giorno seguente i compagni mi mostrarono un volantino scritto a mano che era stato affisso in tutta San Piero in Bagno.

«Ricompensa per la cattura di un bandito.

«Chi catturerà il capo partigiano Sergio, riceverà [p. 25] 50mila lire. Vivo o morto! Chi vuole guadagnare 50mila lire?».

Через несколько дней мои товарищи принесли и печатную листовку с таким же текстом. Разница была лишь в том, что теперь она была подписана местным руководством фашистской партии.

Наша разведка принесла из Самперу-Баня и другие сведения: утром из города Форли жандармы получили подкрепление, теперь в казарме насчитывается более шестидесяти карабинеров. Окна помещения закладываются кирпичами, оставлены только небольшие амбразуры, — казарма превращается в крепость.

ВАЖНАЯ ОПЕРАЦИЯ

Георгий Пристансков вернулся из разведки лишь на пятый день. Он тщательно изучил обстановку в селе Бебена: сколько там карабинеров, сколько немцев, какие части стоят. Его разведчики взяли под контроль шоссейную дорогу на Компини. Теперь можно знать о движении автоколонны, о том, что перевозят немцы, часто ли они получают оружие, есть ли у них артиллерия.

Я поблагодарил старого друга за хорошие сведения. Но рапорт Пристанскова на этом не заканчивался. Оказывается, он задержал на шоссе легковую машину с четырьмя немцами, двое из них были офицерами.

— Вот их обмундирование, — не без гордости пояснил Георгий. — Как с иголочки...

— А где же немцы? — спросил я.

— В расход пустил.

— Четверых?

— Зачем же, — опять улыбнулся Георгий. — Офицеры — фашисты, а два других — солдаты. Разрешите представить пленных?

— Показывай.

Dopo alcuni giorni i miei compagni mi portarono un altro volantino dattiloscritto con il medesimo testo. L'unica differenza era che in questo caso il foglio recava la firma dei dirigenti locali del partito fascista.

La nostra squadra di ricognizione ci portò anche altre informazioni da San Piero in Bagno: quel mattino i carabinieri avevano ricevuto rinforzi da Forlì e ora in caserma c'erano più di sessanta uomini. Stavano murando le finestre dell'edificio, lasciando solo delle piccole feritoie: la caserma si stava trasformando in una fortezza.

UN'IMPORTANTE OPERAZIONE

Georgij Pristanskov tornò dalla ricognizione solo dopo cinque giorni. Riferì con dovizia di particolari come stavano le cose a Bibbiena: il numero di carabinieri e di tedeschi e quali unità erano di stanza. I suoi ricognitori avevano messo sotto sorveglianza la strada principale per Campigna. Ci era quindi possibile conoscere i movimenti delle colonne degli automezzi, ciò che trasportavano i tedeschi, con quale frequenza ricevevano armi e se avevano l'artiglieria.

Ringraziai il mio vecchio amico per le preziose informazioni. Ma il rapporto di Pristanskov non era finito lì: scoprimmo che sulla strada aveva fermato un'auto con a bordo quattro tedeschi, due dei quali erano ufficiali.

«Ecco il loro equipaggiamento», disse Georgij con una punta d'orgoglio. «Come nuovo...».

«E i tedeschi?», chiesi.

«Li ho fucilati».

«Tutti e quattro?».

«E perché mai», sorrise nuovamente Georgij. «Gli ufficiali erano nazisti, ma gli altri due sono soldati. Posso presentarle i prigionieri?».

«Falli entrare».

Кроме двух немецких солдат он привел еще и двух чехословаков [sic]. Последних разведчики обнаружили на квартире, где производили обыск. Одного чехословака [sic] звали Винцентом, другого — Юзефом. Немцев — Гансом и Рудольфом.

Я приказал накормить наших пленников. [р. 26]

А сам еще раз пожал руку своему боевому другу: вот так надо ходить в разведку каждому!

Утренний допрос пленных Георгия Пристанскова дал важные сведения. Немец Рудольф назвался антифашистом. Он показал нам фотографию своего отца с книгой Ленина в руках. Потом немец показал нашу красноармейскую звездочку.

— Наверно, с убитого снял? — строго спросил я.

— Зачем такое говорить! — с заметным укором ответил Рудольф. — Я купил ее у немца, который действительно застрелил русского. Но я хотел иметь эту звездочку и не расставался с нею. Если бы я попал на русский фронт, то перешел бы к вашим. Так мне приказывал отец. Он рабочий, старый антифашист, его знал товарищ Тельман, — такими словами закончил рассказ Рудольф.

А если все это уловка, хитрость врага? Неудача с казармой не выходила у меня из головы. Я высказал свои сомнения комиссару Жулису, но тот ничего не посоветовал; он сам переживал свою недавнюю оплошность.

— Ты имеешь опыт советского офицера, Серджо, — пояснил комиссар, — действуй по-своему...

Немецкие мундиры, офицерские фуражки, документы фашистов, их награды, оружие... У меня возник план, дерзкий, но вполне выполнимый: а нельзя ли воспользоваться переодеванием?

Oltre ai due soldati tedeschi portò anche due cecoslovacchi. Questi ultimi li avevano trovati in un appartamento che avevano perquisito. I cecoslovacchi si chiamavano Vincent e Josef, mentre i tedeschi si chiamavano Hans e Rudolf.

Ordinai di dar loro da mangiare.[p. 26]

Strinsi di nuovo la mano al mio compagno d'armi: così andavano fatte le ricognizioni!

L'interrogatorio del mattino ai prigionieri di Georgij Pristanskov ci fornì importanti informazioni. Il tedesco Rudolf si definiva antifascista e ci mostrò una foto del padre con in mano un libro di Lenin. Dopodiché il tedesco ci fece vedere la stella dell'Armata Rossa.

«Di certo l'hai presa da un morto?», gli chiesi con voce dura.

«Perché dice così!», mi rispose Rudolf con evidente tono di rimprovero. «L'ho comprata da un tedesco che in effetti aveva ucciso un russo. Ma io ci tenevo ad avere questa stella e non me ne sono più separato. Se mai fossi capitato sul fronte russo, sarei passato dalla vostra parte. Me l'aveva ordinato mio padre. È un operaio, un vecchio antifascista, lo chiamavano compagno Thälman», concluse il suo racconto Rudolf[38].

E se fosse stata tutta una messinscena, un trucco del nemico? Non riuscivo a togliermi dalla mente il fiasco alla caserma. Espressi i miei dubbi al commissario Giulio, ma questi non sapeva che consiglio darmi; lui stesso era in pena per il suo recente abbaglio.

«Hai esperienza come ufficiale sovietico, Sergio» mi spiegò il commissario «fai quel che credi…».

Avevamo le uniformi tedesche, i berretti da ufficiali, i documenti dei fascisti, le loro mostrine, le loro armi… Escogitai un piano, audace, certo, ma del tutto fattibile: perché non ricorrere a un travestimento?

У нас есть два немца, мы представим их фашистскими офицерами, сами облачимся в немецкую форму и пойдем на казарму жандармов в Самперу-Баня.

Я сообщил о своем плане в главный штаб бригады. Оттуда пришло согласие на операцию. Нам полезно было установить партизанский контроль над шоссейной дорогой, ведущей в Рим.

Все зависело от поведения Рудольфа и Ганса. А что, если они предатели? Мы проникнем в казарму жандармов и окажемся в ловушке...

Решено было поговорить один на один с недавними пленными. Они уже неделю прожили среди нас, и ничего плохого за ними не наблюдалось.

Мой план понравился немцам. Больше того, они готовы были умереть, но доказать свою преданность партизанам.

На совет я собрал всю группу, кроме тех бойцов, [р. 27] которые стояли в охране, находились в разведке.

которые стояли в охране, находились в разведке.

План операции все товарищи одобрили. Надо только достать еще десяток комплектов солдатского обмундирования немцев. Выполнить это вызвались Николай Черноус, Даниил Соседка и Иван Денисов. Обещали к завтрашнему утру доставить необходимое.

Уже к утру следующего дня все было готово. Группа Черноуса провела глубокий рейд, напала на грузовик немцев, обезоружила около десятка гитлеровцев.

По плану товарищи должны разыграть следующее: немцы поймали в горах русского партизана, связали его, но допросить не успели.

Avevamo due tedeschi: li avremmo fatti passare per ufficiali nazisti, noi stessi avremmo indossato la divisa tedesca e saremmo andati nella caserma dei carabinieri di San Piero in Bagno.

Riferii il mio piano al centro direttivo della brigata, che approvò l'operazione. Era consigliabile portare sotto il nostro controllo la strada per Roma.

Dipendeva tutto dal comportamento di Rudolf e Hans. E se fossero stati dei traditori? Ci saremmo introdotti nella caserma e ci saremmo ritrovati in trappola...

Fu deciso di parlare a quattr'occhi con ciascuno dei nuovi prigionieri. Vivevano con noi già da una settimana e non avevamo notato nulla di sospetto in loro.

Ai tedeschi piacque il mio piano. E, cosa più importante, erano disposti a morire pur di dimostrare la propria fedeltà ai partigiani.

Convocai in riunione l'intero gruppo, a eccezione degli uomini che erano di guardia[p. 27] o in ricognizione.

Tutti i compagni approvarono il piano d'azione.

Bastava solo procurarsi un'altra decina di uniformi ed equipaggiamenti tedeschi. Per tale incarico si offrirono volontari Nikolaj Černous, Danil Sosedka e Ivan Denisov, che promisero di procurare tutto il necessario entro la mattina del giorno dopo.

Ancor prima del mattino successivo era tutto pronto. Il gruppo di Černous aveva fatto un'incursione pesante dopo essere incappato in un automezzo di tedeschi, e aveva disarmato una decina di nazisti.

Il piano prevedeva che i compagni recitassero la seguente messinscena: i tedeschi avevano catturato fra i monti un partigiano russo e l'avevano legato, ma non avevano fatto in tempo a interrogarlo.

По всей вероятности, русский представляет интерес, а немцы очень спешат, поэтому капитан передает русского карабинерам, пусть, мол, они допросят коммуниста, если нужно, даже расстреляют его. Важно прорваться в казарму, разоружить жандармов, по возможности перебить их.

— Кто будет выполнять роль русского партизана? — спросил я.

Против моего ожидания товарищи молчали. Я понимал: роль трудная, и не каждый возьмет на себя такую ответственность. План мог сорваться. Если бы не уходил в разведку Гриша Пристансков! Он согласился бы на самый рискованный шаг.

— Я сам буду партизаном, — вырвалось у меня.

Тотчас около меня появилась рваная одежда, я оказался без сапог. Принесли специальную цепочку с замком, но связали руки таким образом, чтобы при случае я смог разорвать узлы. Два-три мазка грима — и мое лицо преобразилось: я казался избитым, с синяком под левым глазом, с разорванной щекой.

Восемь человек были одеты в немецкую форму и вооружены немецкими автоматами. Эту группу возглавил «обер-лейтенант» Рудольф и «капитан» чехословак [sic] Винцент.

Я уже оказался между автоматчиками, как вдруг появился Георгий Пристансков. Заметив наш маскарад, он запротестовал:

— Да кто же это удумал нашего командира на позор выставлять?! А? Или другие храбрецы перевелись у нас?

Тут же он снял свои сапоги, сбросил гимнастерку, остался в нательной рубахе, разорвал ее. Упал на землю, [p. 28 зем-] измазался грязью и в таком виде предстал перед нами.

— Вяжите меня. А Серджо будет всеми командовать. Зачем же ему связывать руки?

Con molta probabilità il russo avrebbe suscitato interesse. I tedeschi, però, avrebbero detto di andare di fretta; per questo, il capitano avrebbe consegnato il russo ai carabinieri affinché interrogassero il comunista e, se necessario, lo fucilassero addirittura. Era importante irrompere nella caserma, disarmare i gendarmi e, se possibile, ucciderli.

«Chi farà la parte del partigiano russo?», chiesi.

Contro ogni mia aspettativa, i compagni tacevano. Lo capivo: il ruolo era difficile e non tutti volevano prendersi una tale responsabilità. Il piano rischiava di andare a monte. Se solo Griša Pristanskov non fosse andato in ricognizione! Avrebbe accettato l'incarico più rischioso.

«Farò io stesso il partigiano», mi uscì detto.

Subito mi comparvero accanto degli abiti laceri, senza stivali. Portarono una catena speciale con il lucchetto, ma mi legarono le mani in modo tale che in caso di necessità avrei potuto sciogliere i nodi. Un paio di mani di trucco e il mio volto si trasformò: con un livido sotto l'occhio sinistro e un taglio sulla guancia, sembrava che mi avessero picchiato.

Otto uomini indossarono le uniformi e le armi dei tedeschi. Questo gruppo era comandato dall'"Oberleutnant" Rudolf e dal "capitano" cecoslovacco Vincent.

Ero già circondato dai soldati armati di mitra, quando all'improvviso comparve Georgij Pristanskov. Dopo aver notato la nostra mascherata, protestò:

«Chi è che ha avuto la bella idea di disonorare il nostro comandante? Eh? O forse fra di noi non ci sono più uomini coraggiosi?».

Si tolse quindi gli stivali e si levò la giubba; rimase con indosso la sua maglia e se la strappò.[p. 28] Si gettò a terra, si imbrattò e, così conciato, ci si parò davanti.

«Prendete me e Sergio comanderà tutti noi. Perché legare le mani a lui?».

Трудно было возразить Пристанскову. Наш партизанский гример «разукрасил» физиономию казака. Без всякой репетиции Гриша сразу же входил в свою роль. Мы двинулись на улицу. Впереди — «капитан» Винцент, за ним «обер-лейтенант» Рудольф, потом — караул автоматчиков, прикрывающий «русского партизана», сзади — опять охрана. Каждый «немец» старается толкнуть автоматом «пленного», ударить его. А тот шествует с гордо поднятой головой, вся грудь в крови, чуб спадает на глаза. Он не обращает внимания на издевки конвоиров. Его армейскую пилотку украшает красная звездочка.

Весь путь от своего штаба до Самперу-Баня мы прошли окольной дорогой. Основные наши силы блокировали село с трех сторон. Телефонную линию перерезали, чтобы жандармы вновь не запросили помощь.

Из ближайшего переулка наши «немцы» вышли на главную дорогу и повернули в сторону казармы. Пристансков, хромая, сопротивлялся, не желая идти вперед, но его толкали в спину прикладами.

ЛИЦОМ К ЛИЦУ

Карабинеры заметили наконец нашу головную группу. В казарме забеспокоились. Даже издалека было видно, что в амбразурах появились винтовки, на левом крыле второго этажа — пулемет.

Когда жандармский лейтенант признал нас за немцев, он вышел из ворот встречать дорогих гостей. Лейтенант подал команду «смирно!», звонко пристукнул каблуками, вскинул руку под козырек.

— Вольно! — послышалась команда нашего Винцента. Он небрежно снял свои черные очки, протер их шелковым платочком, потом кивнул в сторону «русского пленного».

Десятки глаз устремились на Пристанскова.

Era difficile dire di no a Pristanskov. Il nostro truccatore "abbellì" i connotati del kazako. Senza bisogno di alcuna prova Griša si calò subito nella parte. Ci incamminammo: davanti c'era il "capitano" Vincent, dopo di lui l'"Oberleutnant" Rudolf, seguito a sua volta dalle guardie con i mitra che scortavano il "partigiano russo" e dietro di nuovo la scorta. Ogni "tedesco" fingeva di spingere il "prigioniero" con il mitra e di colpirlo. Quest'ultimo incedeva fiero a testa alta, con il petto insanguinato e il ciuffo che gli cadeva sugli occhi, senza curarsi degli scherni delle guardie. Sulla sua bustina faceva bella mostra la stella dell'Armata Rossa.

Facemmo una via secondaria per andare dal nostro quartier generale a San Piero in Bagno. Il grosso del nostro reparto aveva accerchiato il paese su tre lati. Avevamo inoltre tagliato i fili del telefono, cosicché questa volta i carabinieri non potessero chiamare i rinforzi.

I nostri "tedeschi" sbucarono sulla strada principale da un vicolo vicino e si diressero verso la caserma. Pristanskov, zoppicante, opponeva resistenza, rifiutandosi di avanzare, ma loro lo spingevano puntandogli le armi alla schiena.

FACCIA A FACCIA

Finalmente i carabinieri si accorsero della presenza del nostro drappello. All'interno della caserma cominciarono ad agitarsi. Persino da lontano si vedevano i fucili comparire nelle feritoie e, sull'ala sinistra del primo piano, una mitragliatrice.

Quando il tenente dei carabinieri ci riconobbe come tedeschi, uscì dal portone per accogliere i graditi ospiti. Il tenente si mise sull'attenti, batté i tacchi e fece il saluto.

«Riposo!», si udì il comando del nostro Vincent. Con fare noncurante il cecoslovacco si tolse gli occhiali scuri, gli diede una pulita con un fazzolettino di seta e quindi fece un cenno col capo in direzione del "prigioniero russo".

Decine di sguardi si posarono su Pristanskov.

— Мы поймали его в горах, — произнес Винцент на чистейшем немецком языке.

— Он партизан. Заброшен[р. 29] русскими. Парашютист. Его надо допросить, все разузнать... Но у нас нет времени, мы спешим по специальному заданию командования.

— Будем рады выполнить ваш приказ, господин капитан. Приглашаю вас в казарму!..

Эта любезность обрадовала не только Винцента. «Капитан» подал команду, и всей группой мы повели «пленного» в ворота казармы. Пристансков сопротивлялся пуще прежнего. Его опять толкали прикладами. «Обер-лейтенант» Рудольф отпустил такое смачное немецкое ругательство по адресу пленника, что жандармы разразились дружным смехом. Они не сводили глаз с пилотки русского, на которой сверкала красноармейская звездочка с серпом и молотом.

— Кто такой?

— Сколько вас?

— Не твои ли партизаны недавно атаковали нашу казарму? — эти вопросы сыпались со всех сторон. На каждый из них Пристансков отвечал дерзко, с подчеркнутой резкостью. Знание итальянского языка помогало ему издеваться над жандармами. А те в свою очередь не переставали сыпать свои колкости.

— Ну как, понюхали нашего пороху? Будете еще нападать на нас?

Гриша отвечал без запинки:

— Нападали и будем нападать!

— А много вас?

— Не пересчитать. Тысячи! Миллионы!

Георгий Пристансков завладел вниманием всех жандармов. Зеваки оставили оружие на втором этаже, спустились вниз, чтобы присутствовать при допросе пленного.

«L'abbiamo catturato sulle montagne», disse Vincent in perfetto tedesco.

«È un partigiano paracadutato[p. 29] dai russi. È un paracadutista. Bisogna interrogarlo, andare a fondo… Noi però non ne abbiamo il tempo, ci aspetta un incarico speciale del comando».

«Saremo felici di eseguire il suo ordine, capitano. Entrate pure in caserma!»

Tale cortesia non fece piacere solo a Vincent. Il "capitano" diede un ordine e l'intero gruppo condusse il "prigioniero" oltre le porte della caserma. Pristanskov si opponeva ancor più di prima. Lo spinsero di nuovo con il calcio dei mitra. L'"Oberleutnant" Rudolf lanciò un'imprecazione talmente colorita in tedesco all'indirizzo del prigioniero che i carabinieri scoppiarono tutti a ridere. Non toglievano gli occhi di dosso dalla bustina del russo, sulla quale riluceva la stella dell'Armata Rossa con la falce e il martello.

«Chi sei?».

«Quanti anni hai?».

«Sono stati i tuoi partigiani ad attaccare la caserma un po' di tempo fa, vero?». Queste le domande che piovevano da tutte le parti. A ciascuna di esse Pristanskov rispondeva baldanzoso, con un deciso tono tagliente. La sua conoscenza dell'italiano gli permetteva di schernire i carabinieri. Questi ultimi, dal canto loro, non la smettevano più di lanciargli frecciatine.

«Be', che c'è, avete assaggiato il nostro piombo, eh? Intendete attaccarci ancora?»

Griša rispose d'un fiato:

«L'abbiamo già fatto e lo faremo ancora!».

«E quanti siete?»

«Moltissimi. Migliaia, milioni!».

Georgij Pristanskov aveva catturato l'attenzione di tutti i carabinieri. I curiosi lasciarono le armi al primo piano e scesero dabbasso per assistere all'interrogatorio del prigioniero.

Тем временем я, Черноус,. Малышев успели занять подходы на второй этаж. Закрытые ворота также оказались под контролем наших товарищей. Операция проходила по нашему плану.

Жандармскому лейтенанту не терпелось выслужиться перед немецким начальством. По всему было видно, что он высоко оценил доверие господ офицеров. Он спросил у пленника:

— Почему ты, русская свинья, оказался на нашей итальянской земле?

— Чтобы спросить за все ваши зверства на полях России, — с гордостью ответил Пристансков. [p. 30]

Лицо жандарма передернуло. Он хотел ударить русского. Даже замахнулся на него. В этот-то момент наш «капитан» и схватил жандарма за руку. А Рудольф успел подать, грозную команду:

— Руки вверх!

Наши автоматы направлены со всех сторон на оторопевших карабинеров. Они вынуждены были поднять руки. Даже словоохотливый жандармский лейтенант и тот выполнил команду Рудольфа. В этот момент Гриша резко рванул свою цепь и, к изумлению жандармов, сразу же завладел пистолетом их начальника.

— Вот зачем я пришел из России, гад! — бросил недавний «пленник» в лицо жандармскому лейтенанту.

Той же цепью он связал руки жандарму. Мы захватили в плен 58 карабинеров. К этому времени подоспели и другие наши товарищи. Мы вывели из строя аппаратуру телеграфа, сожгли дом местных фашистов, сельское муниципио (сельская управа). Это необходимо было сделать, так как там хранились списки крестьян Самперу-Баня, числившихся должниками по налогам. Забрали две грузовые автомашины, массу чертежей, мешки с деньгами, продукты. Все свои трофеи погрузили в автомашину.

Nel frattempo, Černous, Malyšev ed io riuscimmo a occupare gli accessi al primo piano. Anche le porte chiuse passarono sotto il controllo dei nostri compagni. L'operazione procedeva secondo i nostri piani.

Il tenente dei carabinieri non vedeva l'ora di ingraziarsi i capi tedeschi. Tutto di lui faceva capire che teneva in altissima considerazione la fiducia degli ufficiali. Chiese al prigioniero:

«Perché, cane d'un russo, sei venuto sul suolo italiano?».

«Per chiedere conto di tutti i vostri crimini in terra russa!», rispose Pristanskov con orgoglio. [p. 30]

Il carabiniere fece una smorfia di disgusto. Aveva voglia di picchiare il russo e alzò addirittura il braccio per colpirlo. Ma in quel preciso momento il nostro "capitano" lo prese per un braccio e Rudolf si affrettò a ordinare in tono minaccioso:

«Mani in alto!».

I nostri mitra erano puntati da ogni lato sui carabinieri interdetti, che furono costretti ad alzare le mani. Persino il loquace tenente eseguì l'ordine di Rudolf. In quello stesso istante, Griša diede un brusco strappo alla catena e, con grande sorpresa dei carabinieri, s'impadronì subito della pistola del loro superiore.

«Ecco perché sono venuto dalla Russia, verme!», gridò l'ex "prigioniero" in faccia al tenente.

Con la sua stessa catena gli legò le mani. Facemmo prigionieri cinquantotto carabinieri. A quel punto erano ormai sopraggiunti anche gli altri nostri compagni. Mettemmo fuori uso il telegrafo e appiccammo il fuoco alla sede locale dei fascisti, il municipio. Era un'azione necessaria, perché lì conservavano gli elenchi dei contadini di San Piero in Bagno che figuravano come debitori dell'erario. Prendemmo due camion, un bel po' di cartine, soldi, sacchi con denaro e derrate. Caricammo tutti i nostri trofei su uno dei mezzi,

Туда же бросили связанного жандармского лейтенанта. Под усиленной охраной машину отправили в горы. Всех пленных карабинеров погнали к своему штабу.

«А стоит ли показывать врагам место нашей стоянки?» — невольно подумал я, когда прошли уже добрую половину дороги.

Посоветовался с товарищами. Они согласились устроить допрос карабинеров на даче одного помещика. Здесь сделали привал. Местность эта была тихой, сюда не заглядывали фашисты, дача давным-давно пустовала, и мы не раз пользовались ею.

Посредине двора поставили стол. Откуда-то появилось красное покрывало. За стол сели я, Гриша Пристансков, Петр Малышев — военно-партизанский полевой трибунал. Я, значит, председатель, Гриша секретарь, а Петр вроде народного заседателя. Все по закону.

Пленников-карабинеров мы выстроили поодаль. В центре поставили скамью для подсудимого и посадили на нее жандармского лейтенанта. Из отобранных документов мы узнали, что фашист недавно воевал на территории[p. 31] СССР в составе 8-й итальянской армии, побывал в Миллерове, Кантемировке, Старой Калитве, Россоши.

Хотел видеть Москву.

— Кто бросал гранаты из окон, когда мы подходили к казарме в первый раз? — спросил я.

Лейтенант молчал.

Тогда я задал этот вопрос другим жандармам. Они указали на своего командира. Это он грозился снять с нас шкуру. Это его рукой была написана листовка о поимке «бандита» Серджо.

— Был ли ты на русском фронте?

— Я служил не на фронте...

e con essi anche il tenente legato. Con una scorta rinforzata il camion fu mandato sui monti. Conducemmo tutti i carabinieri fatti prigionieri nel nostro quartier generale.

«Ma è saggio mostrare ai nemici dove si trova la nostra base?», mi venne improvvisamente in mente quando eravamo già a più di metà strada.

Chiesi consiglio ai compagni, che accettarono di condurre l'interrogatorio ai carabinieri nell'abitazione di campagna di un proprietario terriero. Facemmo quindi tappa lì. Era una zona tranquilla, i fascisti non si spingevano fin là. La casa era disabitata da molto tempo e l'avevamo usata in più di un'occasione.

Mettemmo un tavolo in mezzo al cortile. Da chissà dove comparve un panno rosso. Al tavolo sedemmo io, Griša Pristanskov e Pëtr Malyšev: formavamo la corte marziale partigiana sul campo. Io ero il presidente, Griša il segretario e Pëtr una specie di giudice onorario. Tutto secondo la legge.

Facemmo mettere in fila i prigionieri a una certa distanza. Al centro collocammo una panca per l'imputato e vi facemmo sedere il tenente dei carabinieri. Dai documenti requisiti avevamo appreso che di recente il fascista aveva combattuto[p. 31] in territorio sovietico con l'VIII Armata italiana ed era stato a Millerovo, Kantemirovka, Staraâ Kalitva e a Rossoš'[39].

Voleva vedere Mosca.

«Chi è che ha lanciato le granate dalle finestre quando ci siamo avvicinati alla caserma la prima volta?», chiesi.

Il tenente non aprì bocca.

Allora ripetei la domanda agli altri carabinieri, che indicarono il loro comandante. Era lui che aveva minacciato di farci la pelle. Sua la mano che aveva scritto il volantino con la taglia sul "bandito" Sergio.

«Sei stato al fronte russo?».

«Non prestavo servizio al fronte...».

— Тем хуже, гадина! — не стерпел Пристансков. — Ты мучил ни в чем неповинных советских людей на оккупированной территории. Я сам был в ваших концлагерях под Кантемировкой... Знаю…

— Я не мучил...

— А не видел ли нас в Миллерове?

— Нет, не видел.

Карабинеры понимали, что их недавний начальник — жалкий трус. Присутствие за столом «бандита» Серджо и «пленного» Пристанскова, который совсем недавно, будучи связанным, окруженным немецкими автоматчиками, так гордо вел себя, — все это еще больше унижало жандармского лейтенанта в глазах его бывших подчиненных.

— Вы знаете, что у наших партизан нет плена?

— Знаю.

— Слышали, что мы отпускаем карабинеров, которые дают клятву не служить фашистам?

— Да, знаю...

— О чем же вы просите суд?

— Сохраните мне жизнь...

Но тут опять заговорил Пристансков:

— Тебя расстрелять мало, гад! Хватит того, что ты ходил по моей земле, фашист! Ты убивал безвинных, зверь! А если учесть твои здешние преступления, то тебя надо повесить.

Приговор зачитывал сам Пристансков:

— Военно-партизанский суд под председательством Сорокина и заседателей Пристанскова и Малышева, рассмотрев дело по обвинению лейтенанта карабинеров итальянской армии, учитывая его преступления, совершенные[р. 32 совер-] на территории СССР, именем народов Союза Советских Социалистических Республик приговаривает его к расстрелу.

«Ancora peggio, canaglia!», non riuscì a contenersi Pristanskov. «Hai torturato sovietici innocenti nei territori occupati. Io stesso sono stato in uno dei vostri campi di concentramento vicino a Kantemirovka... Lo so bene...».

«Io non ho torturato...».

«E non ci hai visti a Millerovo?».

«No».

I carabinieri capirono che il loro ex capo era un miserabile codardo. La presenza al tavolo del "bandito" Sergio e del "prigioniero" Pristanskov, che pochissimo tempo prima, pur essendo legati e circondati dai mitra tedeschi, si erano comportati con grande fierezza, non faceva che sminuire ulteriormente il tenente agli occhi dei suoi ex sottoposti.

«Lo sai che i partigiani non hanno una prigione?».

«Sì, lo so».

«Hai sentito dire che lasciamo andare i carabinieri che giurano di non servire più i fascisti?».

«Sì, lo so».

«Qual è la tua richiesta alla corte?»

«Risparmiatemi la vita...»

Ma di nuovo intervenne Pristanskov:

«Non basta fucilarti, verme! È già abbastanza grave che tu sia stato nel mio Paese, fascista! Hai ucciso degli innocenti, bestia! E se contiamo i crimini che hai commesso qui, dobbiamo impiccarti!».

Fu lo stesso Pristanskov a leggergli la sentenza:

«La corte marziale, presieduta da Sorokin, alla presenza dei membri Pristanskov e Malyšev, nel processo per l'imputazione del tenente dei carabinieri dell'esercito italiano, alla luce dei crimini da lui commessi[p. 32] sul territorio dell'URSS, nel nome dei popoli dell'Unione delle Repubbliche Socialiste Sovietiche, condanna l'imputato alla fucilazione».

Приговор привели в исполнение здесь же.

Карабинерам предложили дать заверение, что они никогда не станут служить фашистам. При возвращении домой каждый бывший жандарм обязан рассказывать о расстреле лейтенанта, о том, что расправа над фашистами будет вершиться до полного их уничтожения. С этим напутствием мы и распрощались со своими пленниками.

Уже на второй день римское радио рассказывало подробности нашей операции; немецкие фашисты настаивали на поимке «бандита» Серджо и уничтожении его партизанской группы. Разговор вели о том, что партизаны могут сражаться с регулярной частью, ведь неспроста же они держали в своих руках Самперу-Баня более шести часов. Там их было около тысячи. И никто не смог помешать им, хотя село стоит на большой дороге. У партизан есть своя артиллерия, взрывчатые вещества. Мы не опровергали подобных сообщений. Они помогали наводить страх на фашистов.

Я убедился в искренности немца Рудольфа, наших чехословацких друзей Винцента и Юзефа. Без их помощи мы не справились бы с такой сложной операцией.

НАШИ ПОМОЩНИКИ

Меня могут спросить: как же вам удавалось обеспечивать группу продуктами и деньгами? Чтобы понять это, надо немного рассказать о некоторых особенностях жизни итальянского крестьянина. Как известно, землей здесь владеют помещики, на них батрачит беднота. На каких условиях? Крестьянин может получить участок, даже хату, подворье, но он обязан трудиться на владельца земли. Большую часть урожая крестьянин отдает хозяину. В результате самому хватает лишь на прокорм семьи. С таких «доходов» не разбогатеешь.

La sentenza fu subito eseguita sul posto.

Gli altri carabinieri si offrirono di giurare di non servire mai più il fascismo. Una volta tornato a casa, ogni ex carabiniere era obbligato a raccontare della fucilazione del tenente e che giustizia sarebbe stata fatta fino al totale annientamento dei fascisti. Con queste parole di commiato ci congedammo dai nostri prigionieri.

Già dopo due giorni la radio romana raccontava i particolari della nostra azione: i nazisti chiedevano la cattura del "bandito" Sergio e l'annientamento del suo gruppo partigiano. Veniva considerata la possibilità che i partigiani fossero in grado di combattere contro un'unità regolare: del resto, avevano tenuto sotto scacco San Piero in Bagno per più di sei ore. Lì erano all'incirca un migliaio e nessuno poteva disturbarli, benché il paese sorgesse su una massiccia montagna. I partigiani avevano artiglieria ed esplosivi. Noi non smentivamo mai comunicazioni simili, perché contribuivano a instillare la paura nei fascisti.

Io mi convinsi della buona fede del tedesco Rudolf e dei nostri amici cecoslovacchi Vincent e Josef. Senza il loro aiuto, infatti, non saremmo riusciti a compiere un'azione così complessa.

I NOSTRI AIUTANTI

Mi si potrebbe chiedere: come riuscì a garantire al gruppo cibo e denaro? Per capire come fu possibile, è bene spendere due parole su alcune particolarità della vita dei contadini italiani. Come è noto, i terreni sono di proprietà dei latifondisti[40], ma sono coltivati da braccianti poveri. A quali condizioni? Il contadino può ricevere un appezzamento, persino una casa rurale o una casa colonica, ma è tenuto a lavorare per il[p. 33] proprietario. La maggior parte del raccolto del contadino va al padrone e quel che resta gli basta appena per mantenere la famiglia. Con questi "ricavi" non ci si arricchisce di certo.

Имели ли мы право брать продукты у крестьян? Конечно, у нас не было никаких прав. Важно, чтобы крестьяне сочувствовали партизанскому движению. Без постоянной[р. 33 посто-] поддержки трудового народа мы не пробыли бы в горах и одного месяца.

Главным нашим поставщиком мог быть только помещик. Мы приходили к нему и говорили: такой-то крестьянин должен отдать тебе сто килограммов хлеба, пять ведер молока, десять килограммов масла, центнер винограда.

— Да, он должен мне, — без смущения соглашался тот.

— Тогда пиши записку. Ты согласен выдать все эти продукты партизанам.

Не было случая, чтобы помещик не соглашался с таким «деловым предложением». Поэтому крестьяне не считали нас грабителями. Крестьяне охотно вступали в контакт с партизанскими группами, мы имели в деревнях хороших помощников. На случай могли укрыться в крестьянской хате. Простые люди видели в нас своих защитников.

А как же с деньгами?

Тут мы вступали в контакт с местными фабрикантами, владельцами предприятий, прибегали к их «помощи». Переодетые партизаны — два-три человека — являлись к толстосуму и предлагали:

— Ты, синьор, должен подписать чек, по которому мы получим деньги в банке. Предупреждаем, что, если наш товарищ будет схвачен в банке, ты, синьор, получишь пулю в лоб.

Мы приходили в банк под видом коммерсантов, спокойно получали деньги по чеку и так же спокойно возвращались в горы. Такую «сделку» с нами фабриканты хранили как самую сокровенную тайну, иначе немецкие оккупанты обвинили бы их в пособничестве партизанскому движению.

Avevamo forse il diritto di togliere il cibo ai contadini? No, certo che no. Era importante che i contadini simpatizzassero con il movimento partigiano. Senza il costante sostegno dei lavoratori, infatti, non avremmo resistito nemmeno un mese sui monti.

Il nostro rifornitore principale non poteva che essere un latifondista. Andavamo da lui e gli dicevamo: il contadino tal dei tali ti deve cento chili di pane, cinque secchi di latte, dieci chili di burro e un quintale d'uva.

«Esatto», conveniva quello senza battere ciglio.

«Allora scrivi questa dichiarazione ufficiale: accetti di cedere tutti questi prodotti ai partigiani».

Non vi fu alcun proprietario terriero che rifiutò questa "proposta d'affari". Pertanto, i contadini non ci consideravano arraffatori. Si mettevano spontaneamente in contatto con i gruppi partigiani e nelle campagne potevamo contare su validi aiuti. All'occorrenza potevamo nasconderci nelle case rurali, poiché la gente semplice ci considerava suoi paladini.

E per quanto riguarda i soldi?

A tale scopo ci mettevamo in contatto con alcuni imprenditori locali, proprietari di fabbriche, chiedendo il loro "aiuto". Alcuni partigiani travestiti (due o tre uomini) andavano da un riccone e proponevano:

«Lei, signore, deve firmare un assegno grazie al quale ritireremo dei soldi in banca. L'avvertiamo che, se il nostro compagno dovesse essere catturato in banca, lei, caro signore, si beccherà una pallottola in fronte».

Ci recavamo in banca travestiti da commercianti, incassavamo con calma l'assegno e con altrettanta calma tornavamo sui monti. Gli imprenditori tenevano nascosta la "transazione" con noi come il loro segreto più prezioso, altrimenti gli invasori tedeschi li avrebbero accusati di complicità con i partigiani.

Надо понять, что не такими уж наивными выглядели наши визиты к богачам. Предварительно использовались телефонная связь и почта, наши товарищи являлись в дома богатых под видом полотеров, электриков, иногда от имени какой-нибудь фирмы вели деловые разговоры. Требовалось послать итальянца в разведку — он имелся у нас, нужен немец, француз — пожалуйста! Если бы мы имели право присуждать звания своим разведчикам, то Гришу Пристанскова надо было бы именовать заслуженным артистом нашей партизанской [p. 34 партизан-] республики: так искусно он мог сыграть светского человека, юркого коммерсанта или простого электромонтера.

Смекалка, личная храбрость, желание как можно лучше выполнить боевое задание, верность партизанской клятве — всеми этими качествами обладали мои боевые друзья.

Использовали мы в своих интересах и церковь.

Представьте себе такое положение, когда партизаны оказывались на краю гибели. Фашисты окружили их. Выехать из села нельзя, кругом засада. Где спрятаться? Иди в церковь, там тебя укроют. Только разговаривай с попом начистоту, без обмана.

До определенного времени фашисты не производили обыски в храмах. Они могли зайти к священнику, поинтересоваться партизанами, но шастать по церковным закоулкам не рисковали. Прежде всего партизаны знали, как устраивать ловушки, как стрелять из-за угла, а самое главное — оккупанты и их прислужники сами были религиозными людьми и не всегда хотели показаться «грешниками», подорвать авторитет церкви, унизить себя в глазах итальянского населения. А как известно, гитлеровцы все же считались самыми верными друзьями итальянского дуче.

Сами священники не чурались партизан, понимая, что лояльное отношение к ним поднимет авторитет служителей церкви в глазах прихожан.

Bisogna capire che le nostre visite ai ricchi non erano così semplici. Per prima cosa usavamo i contatti telefonici o postali e i nostri compagni si recavano a casa dei ricchi nei panni di lucidatori ed elettricisti, a volte conducevano delle trattative d'affari per conto di qualche ditta. Se serviva mandare in avanscoperta un italiano, ce l'avevamo; serviva un tedesco, un francese? Nessun problema. Se avessimo dovuto insignire di un titolo i nostri ricognitori, avremmo dovuto nominare Griša Pristanskov artista emerito della nostra[p. 34] repubblica partigiana[41]: era infatti in grado di interpretare con maestria tanto il ruolo dell'uomo mondano quanto quello del commerciante scaltro o del semplice elettricista.

Astuzia, coraggio, desiderio di eseguire al meglio gli incarichi militari, fedeltà al giuramento partigiano: i miei compagni d'armi possedevano tutte queste qualità.

Usavamo per il nostro tornaconto anche le chiese.

Immaginate la seguente situazione: i partigiani sono a un passo dalla morte. I fascisti li hanno circondati, non possono lasciare il paese e intorno li aspetta un'imboscata. Dove possono nascondersi? In chiesa, lì li proteggeranno! Basta parlare con il prete a cuore aperto, senza bugie.

I fascisti, infatti, i primi tempi non perquisivano gli edifici religiosi. Al massimo facevano un salto dal sacerdote, chiedendo dei partigiani, ma non osavano frugare negli angoli più remoti delle chiese. Innanzitutto, i partigiani sapevano tendere un agguato e sparare da posizioni angolate e, cosa più importante, gli invasori e i loro scagnozzi erano religiosi, e a volte non volevano mostrarsi "peccatori", minare l'autorità della Chiesa o sminuirsi agli occhi del popolo italiano. E, come ben si sa, i nazisti si ritenevano ancora amici fidati del duce.

Gli stessi preti non evitavano i partigiani, consapevoli che un rapporto leale con loro avrebbe accresciuto l'autorevolezza degli ecclesiastici agli occhi dei parrocchiani.

ПЕРЕД ПРАЗДНИКОМ

К декабрю 1943 года наша боевая группа установила постоянный контроль над дорогой, которая проходила через гору Пашомадрелы. Кроме того, под нашим контролем были пути к Санта-Софии, Галиато, Компини, к городу Форли. Почти ежедневно мы атаковали машины немцев, проходившие по этим дорогам. Перед каждой операцией мы обязательно настраивались на московскую волну. Лучшей политинформации и не нужно было. Помнится день 26 декабря 1943 года.

Совинформбюро сообщало:

«На днях войска 1-го Украинского фронта под командованием генерала армии Ватутина перешли в наступление [p. 35] против немецко-фашистских войск, расположенных южнее Радомышль, и прорвали фронт противника протяжением около 80 километров и в глубину до 40 километров.

За три дня наступления нашими войсками освобождено более 150 населенных пунктов, и среди них город Радомышль и три районных центра Житомирской области: Брусилов, Корнин, Попельня...

В боях разгромлены четыре танковые дивизии немцев, в том числе танковая дивизия СС «Райх», и шесть пехотных дивизий. Уничтожено немецких танков — 159, орудий самоходных — 39, бронемашин — 52, орудий разного калибра — 109. Противник оставил на поле боя убитыми до 15 000 солдат и офицеров».

Каждое слово диктора оставалось в сердце, вдохновляло на подвиг. Хорошие вести мы несли в крестьянские семьи, рассказывали об успехах Красной Армии, о мужестве и стойкости советского народа.

У итальянцев есть добрая и древняя традиция: перед Новым годом выбрасывать из дома старые, ненужные вещи. Последними декабрьскими днями 1943

L'ANNIVERSARIO

Verso il dicembre del 1943 il nostro reparto conquistò il controllo permanente sulla strada che passava attraverso Passo dei Mandrioli. Inoltre, avevamo sotto controllo anche le strade per Santa Sofia, Galeata, Campigna e Forlì. Quasi tutti i giorni attaccavamo le auto dei tedeschi che transitavano su quelle strade.

Prima di ogni azione ci sintonizzavamo immancabilmente sulla frequenza di Mosca. Non c'era aggiornamento migliore sulla situazione politica. Rammento il 26 dicembre del 1943.

Il Sovinformbûro annunciò:

«Negli ultimi giorni le truppe in prima linea sul fronte ucraino sotto il comando del generale Vatutin sono avanzate[p. 35] contro le truppe naziste schierate a sud di Radomišl' e hanno rotto la linea del fronte nemico lunga circa 80 chilometri e profonda circa 40.

«In tre giorni l'offensiva delle nostre truppe ha liberato 150 centri abitati, fra i quali la città di Radomišl' e i principali centri della regione di Žitomir: Brusilov, Kornin, Popel'nâ...

«Durante gli scontri sono state sbaragliate quattro divisioni corazzate tedesche, compresa quella delle SS del Reich, e sei divisioni di fanteria. Sono stati distrutti 159 carri armati tedeschi, 39 cannoni semoventi, 52 carri blindati e 109 cannoni di svariato calibro. Il nemico ha subito una perdita di quasi 15.000 uomini fra soldati e ufficiali».

Ogni singola parola dell'annunciatore ci rimaneva impressa nel cuore, ispirandoci a compiere grandi gesta. Riferivamo le buone nuove alle famiglie contadine, raccontando delle vittorie dell'Armata Rossa, del coraggio e della tenacia del popolo sovietico.

In Italia c'è una simpatica tradizione: per Capodanno ci si libera di tutte le cose vecchie che ci sono in casa, buttandole via. Negli ultimi giorni del dicembre del 1943 ci

года мы стремились удвоить свои боевые удары по врагу, как выражались итальянские друзья, — поскорее выбросить из собственного дома побольше фашистской нечисти. Немецкие гарнизоны почти ежедневно несли потери от партизанских налетов, к нам поступало все больше и больше оружия, обмундирования гитлеровцев.

К январским дням нового 1944 года фашисты стянули в наши края большие силы и расположились в Санта- Софии, Самперу-Баня и Бебене. Мы вынуждены были отступить и обосноваться в горных селах Безерно, Ридракули, Кампо-Донато и Сан-Паоло. Сюда фашисты побаивались приходить, тем более что наша группа продолжала держать под своим контролем дорогу на Компини.

Приближался большой праздник нашего советского народа — двадцать шестая годовщина Красной Армии. Радио приносило радостные вести об изгнании фашистов из Кременчуга, Кировограда, Знаменки, Невеля.

Могли ли мы, партизаны итальянского Сопротивления, советские воины, оставаться в стороне? Конечно, нет. Хотелось встретить день Красной Армии удачной операцией[р. 36 опера-] большого масштаба, чтобы о нас услышала не только вся Италия, но и родная Москва.

Мы запросили согласие главного штаба бригады. Нас поддержал политический комиссар района городов Форли и Ровенна [sic] товарищ Антонио Карини.

В Санто-Софии к тому времени разместился батальон фашистов, в пяти километрах ниже села Галиата стоял гарнизон из 60 немцев и итальянцев. В стороне от этого села — немецкая воинская часть со значительной техникой. Мы решили ударить по всем этим скопищам враге. Но чтобы выполнить такую операцию, требовались грузовые машины — для внезапного нападения, для большей маневренности. Товарищ Антонио Карини обещал предоставить нам грузовики. Мы условились о

sforzammo di raddoppiare le nostre azioni militari contro il nemico per, come dicevano i nostri amici italiani, "liberare alla svelta casa" dalla feccia fascista. Le guarnigioni tedesche subivano delle perdite quasi tutti i giorni per mano degli assalti partigiani, mentre noi entravamo in possesso di una crescente quantità di armi ed equipaggiamenti nazisti.

Nel gennaio del 1944, con l'anno nuovo, i fascisti concentrarono nella nostra zona altre forze, schierandole a Santa Sofia, San Piero in Bagno e Bibbiena. Fummo costretti a indietreggiare e a stanziarci nei paesi di montagna di Biserno, Ridracoli, Campodonato e San Paolo. I fascisti non si fidavano a spingersi fin lì, tanto più che il nostro gruppo controllava ancora la strada per Campigna[42].

Si avvicinava un'importante festa del popolo sovietico, il ventiseiesimo anniversario dell'Armata Rossa[43]. La radio comunicò la bella notizia della cacciata dei nazisti da Kremenčuk, Kirovograd, Znamianka e Nevel'.

Potevamo forse noi, partigiani della Resistenza italiana, militi sovietici, stare a guardare? Certo che no. Volevamo festeggiare anche noi l'anniversario dell'Armata Rossa[p. 36] con un'operazione trionfale di enorme portata, affinché la voce delle nostre gesta giungesse non solo a tutta l'Italia, ma anche nella nostra amata Mosca.

Chiedemmo l'autorizzazione al quartier generale della brigata. Fummo appoggiati dal commissario politico delle province di Forlì e Ravenna, il compagno Antonio Carini[44].

All'epoca a Santa Sofia era dislocato un battaglione di fascisti, e cinque chilometri più giù rispetto a Galeata c'era una guarnigione composta da 60 uomini fra tedeschi e italiani. Inoltre, a lato del paese, c'era un'unità militare nazista molto ben equipaggiata. Decidemmo di colpire tutti questi assembramenti nemici, ma per questa azione servivano i camion che ci avrebbero permesso un attacco a sorpresa e una maggiore facilità di manovra. Il compagno Antonio Carini promise che ce li avrebbe procurati. Ci accordammo sul punto

месте встречи, куда прибудем, переодевшись немцами, к определенному часу.

План наш был вполне обоснован. Фашисты знали, что у партизан нет автотранспорта. Наше внезапное появление на грузовиках не могло не ошеломить врагов.

Чтобы добраться обходным путем от Сан-Паоло до Галиата, надо затратить не менее шести часов. Уже к 12 часам дня весь состав группы (человек около семидесяти) был готов к походу.

— Дорогие друзья по судьбе, по крови, по оружию! — обратился я к своим боевым товарищам. — Разрешите прежде всего поздравить вас с большим праздником нашего народа — днем Красной Армии. Мы знаем, что сегодня Красная Армия отмечает это событие на полях сражений с немецко-фашистскими захватчиками, проливая кровь, освобождая наши города и села от гитлеровской нечисти. Нас далеко увезли фашисты от родных мест, хотели сделать из нас послушных рабов, но, как видите, это им не удалось. Мы испытали всю тяжесть плена, вырвали грозное оружие из рук фашистов. Сегодня мы опять собрались в боевой путь. И я надеюсь, что среди нас не будет таких, которые посмеют опозорить нашу русско-славянскую группу. Мы не уроним чести советского воина, имени итальянского героя Джузеппе Гарибальди. Давайте же выполним эту боевую задачу, чтобы о наших делах услышала не только Италия, но и наша великая Родина. Смерть немецко-фашистскйм сволочам! Да здравствует Красная Армия! В боевой путь, дорогие товарищи! [p. 37]

Других слов я не мог подыскать. Видел возбужденные лица своих друзей. Они крепко держат в руках автоматы. Рядом с Петром Малышевым я видел немца Рудольфа, здесь же был мой боевой собрат итальянец Чиро Дельмонте, которого мы называли в отряде Тарзаном. Рядом с ним стоит чех Винцент.

di ritrovo, al quale saremmo arrivati travestiti da tedeschi all'ora prestabilita.

Il nostro piano era decisamente ben congegnato. I fascisti, infatti, sapevano che i partigiani non disponevano di automezzi. La nostra improvvisa comparsa a bordo dei camion li avrebbe di sicuro presi in contropiede.

Per andare da San Paolo a Galeata per vie indirette ci volevano almeno sei ore. Già a mezzogiorno l'intero gruppo (circa settanta uomini) era pronto all'impresa.

«Cari compagni di destino, di sangue, d'armi!», apostrofai i miei commilitoni. «Prima di tutto lasciate che vi faccia gli auguri per l'importante festa del nostro popolo, l'anniversario dell'Armata Rossa. Sappiamo che oggi l'esercito russo festeggia questo evento sui campi di battaglia contro gli invasori nazisti e fascisti, versando sangue e liberando le nostre città e i nostri paesi dalla feccia nazista. I nazisti ci hanno portati lontano dai nostri luoghi natali, volevano trasformarci in schiavi ubbidienti ma, come vedete, non ci sono riusciti. Abbiamo portato il fardello della prigionia, abbiamo strappato di mano ai nemici armi pericolose. Oggi ci accingiamo nuovamente a combattere. E spero che fra di noi non vi sia nessuno che oserà disonorare la nostra compagnia slava. Non macchieremo l'onore dei soldati sovietici, né il nome dell'eroe italiano Giuseppe Garibaldi. Compiamo dunque questa azione militare affinché delle nostre gesta senta parlare non solo l'Italia, ma anche la nostra grande Patria. Morte alla feccia nazifascista! Viva l'Armata Rossa! Pronti alla battaglia, miei fidati compagni![p. 37]

Non riuscii a trovare parole diverse. Vidi l'entusiasmo sui volti dei miei amici, che stringevano forte i mitra. Vicino a Pëtr Malyšev vidi il tedesco Rudolf, e proprio lì c'era il mio fratello d'armi, l'italiano Ciro Dal Monte, che nel battaglione chiamavamo Tarzan. Accanto a lui c'era il cecoslovacco Vincent.

Я любуюсь самым юным нашим партизаном Васильком Осадчим. В отряде его звали Гаврошем. Было ему неполных восемнадцать лет. Родился в Одессе. Два года назад попал в плен к немцам: его захватили на окопных работах. Потом угнали в Италию. Здесь он пробился к партизанам. Ходил в широких, не по росту штанах, любил шутку.

Куда спрятал наш Гаврош свой обычный ухарский костюм — трудно понять. Теперь он тоже стоял в офицерском мундире. Видно было, что непривычная форма стесняла паренька, но он крепился, не выдавал своей скованности.

Да и сам я одет необычно: на днях товарищи преподнесли мне добротные сапоги, снятые с какого-то убитого гитлеровца, хорошее офицерское хромовое пальто, новую парадную фуражку бравого эсэсовца.

К условленному часу мы были на месте. Поджидали автомашины. Любой прохожий мог принять нас за немцев: Рудольф и Ганс то и дело окликают солдат на своем родном языке, даже позволяют себе обругать кого-то или поставить по стойке «смирно» и отчитать.

Все выглядело правдоподобно.

Было уже двадцать минут девятого, а машины не приходили. Связной доставил печальную новость: грузовиков не будет, обстановка в штабе изменилась. Что делать? Возвращаться обратно? А как же с праздником Красной Армии? Его надо отметить!

Принимаю решение: группу построить и в маршевом порядке двигаться на казарму фашистов в Галиата.

Разведчики отправились арестовывать главаря местных фашистов майора-итальянской армии Секундо.

Non lontano, il mio fidato amico Griša Pristanskov, carico di granate, abbigliato da tenente tedesco. Ammiravo molto il più giovane dei nostri partigiani, Vasilëk Osadčij, da noi soprannominato Gavroche[45]. Non aveva ancora compiuto diciott'anni. Era nato a Odessa ed era stato fatto prigioniero dai tedeschi: l'avevano catturato mentre era ai lavori di trinceramento. Poi l'avevano spedito in Italia, dove si era fatto strada fino ai partigiani. Indossava dei calzoni larghi, più grandi della sua misura, e amava scherzare.

Chissà dove era finita la tenuta che il nostro Gavroche indossava abitualmente con tanta spavalderia… ora portava anche lui l'uniforme da ufficiale e si vedeva che quella divisa, a lui così poco familiare, lo metteva a disagio.

Tuttavia si sforzava di celare il proprio imbarazzo. Del resto, anch'io ero vestito in maniera insolita: alcuni giorni prima i miei compagni mi avevano regalato degli stivali di buona qualità presi a un qualche nazista ucciso, un cappotto di pelle da ufficiale e il nuovo berretto da uniforme di un gagliardo membro delle SS.

All'ora prestabilita ci trovavamo sul posto. Aspettammo i mezzi. Chiunque ci avrebbe scambiati per tedeschi: Rudolf e Hans richiamavano i soldati nella loro lingua madre, permettendosi addirittura di insultare qualcuno oppure di farlo mettere "sull'attenti" e riprenderlo.

Sembrava tutto molto realistico.

Erano già le otto e venti e ancora non arrivava nessun mezzo. Il corriere ci portò una brutta notizia: i camion non ci sarebbero stati, la situazione al centro direttivo era cambiata. Che fare? Dovevamo tornare indietro? E come la mettevamo con l'anniversario dell'Armata Rossa? Bisognava festeggiarlo!

Presi una decisione: avremmo formato un gruppo e avremmo marciato fino alla caserma dei fascisti a Galeata.

I ricognitori andarono a rapire il gerarca del luogo, il maggiore dell'esercito italiano Secondo[46].

Надо было взять его живым, вынудить к сдаче казармы, на худой конец с его помощью пробиться в расположение части.[p. 38]

Особняк майора стоял неподалеку от казармы, почти напротив. Ребята постучали в дверь. Ответа не последовало. Тогда принялись ломать дверь. Перед «господами немцами» появилась супруга матерого фашиста.

— Где ваш муж?

— Он выехал в город Форли.

Это была неправда. Дом майора просматривался нашими разведчиками около суток, хозяина видели на балконе, нынешним утром он выглядывал из окна, сам поднимал жалюзи.

Я приказал хозяйке следовать впереди нас. Надо было осмотреть весь дом, пройтись по трем этажам. Открываем шкафы, разные кладовки. Майор словно испарился...

Я стал сомневаться: не подвела ли нас собственная разведка? Нет, ребята тщательно готовили операцию. Когда мы были на третьем этаже, нервы майора не выдержали. Как только он услышал наши шаги, сразу же бросился к балкону.

По всей вероятности, майор плохо владел собою: он стрелял в упор, но пули летели мимо нас. На крыше он бросил гранату в нашу сторону, но она скатилась на землю. Взрыв получился все же громкий. Было видно, как в казарме заметались черные тени. Кто-то из ребят запустил в окна противоположного здания фугаску.

С крыши майорского особняка хорошо простреливалась вся казарма жандармов.

По-видимому, в казарме решили, что партизаны атакуют здание сверху. Солдаты бросились на первый этаж. Партизаны тоже поспешили вниз.

Dovevamo catturarlo vivo e obbligare la caserma alla resa o, nel peggiore dei casi, penetrare nella sede del distaccamento con il suo aiuto. [p. 38]

La villa del maggiore si trovava non lontano dalla caserma, quasi di fronte. I miei uomini bussarono, ma non ci fu risposta. Allora decisero di buttar giù la porta. Davanti ai "signori tedeschi" comparve la moglie del navigato fascista.

«Dov'è suo marito?»
«È andato a Forlì».

Era una bugia. I nostri ricognitori tenevano d'occhio la casa del maggiore da circa un giorno e l'avevano visto sul balcone; quella mattina si era affacciato alla finestra e aveva aperto lui stesso le persiane.

Ordinai alla donna di farci strada. Dovevamo fare il sopralluogo di tutta la casa, di tutti e tre i piani. Aprimmo gli armadi e i vari ripostigli. Era come se il maggiore fosse scomparso svanito nel nulla...

Iniziarono a venirmi dei dubbi: forse la nostra squadra di ricognizione aveva preso un abbaglio? No, gli uomini avevano preparato l'operazione con cura. Quando arrivammo al secondo piano, i nervi del maggiore non ressero. Non appena udì i nostri passi, si precipitò sul balcone.

Verosimilmente, il maggiore non era molto in sé: ci sparò a bruciapelo, ma i proiettili ci passarono accanto. Sul tetto lanciò una granata nella nostra direzione, ma la bomba cadde a terra. L'esplosione fu comunque assordante. Frattanto, in caserma cominciavano ad agitarsi delle ombre nere. Uno dei miei uomini lanciò una potente bomba contro le finestre dell'edificio di fronte.

Dal tetto della villa del maggiore si andava bene a sventagliare su tutta la caserma.

In caserma, a quanto pareva, avevano concluso che i partigiani li avrebbero attaccati dall'alto. I soldati si precipitarono al piano terra e anche i partigiani si affrettarono a scendere.

А там, у ворот казармы, уже действовал Гриша Пристансков. Я слышал его голос:

— Сдавайтесь, фашисты! Или вы не знаете о нашем налете на казарму в Сайто-Софии? Мы сохраним ваши жизни...

Сначала этот призыв не нашел отклика. Тогда ребята принялись долбить стены казармы — будто бы готовить закладку взрывчатки. Такой маневр сразу же образумил карабинеров. Они открыли дверь и впустили нас во двор казармы.

В первую минуту трудно было оценить обстановку. Фашисты спешили сдавать оружие, их растерянные лица выглядывали из-за каждого угла.[p. 39]

Я оказался в кругу своих товарищей. Едва подумал о том, чтобы подать команду, как заметил перекошенное лицо фашиста, выглянувшего из-за двери. Он зубами вырывал предохранитель гранаты. Вижу, как она летит в нашу сторону, падает мне под ноги, слышу ее шипение. Не мешкая, я поддаю сапогом. Граната разорвалась подо мною. Мое пальто разлетелось в клочья, правая нога будто опустилась в горячий котел, левую я не чувствовал, она совсем онемела, залилась кровью.

Я потерял сознание и упал на мостовую.

Товарищи мгновенно набросились на фашистов, разоружили их. Лишь потом я узнал, что наши партизаны разнесли в пух и прах казарму, спалили здание местного управления, перебили всех местных фашистов.

Партизанский налет закончился полным разгромом гарнизона.

ДРУГ

Очнулся я в незнакомой квартире. Со мною чех Винцент и немец Рудольф.

Ma lì, alle porte della caserma, c'era già Griša Pristanskov. Sentii la sua voce:

«Arrendetevi, fascisti! O non avete sentito del nostro assalto alla caserma di Santa Sofia? Vi risparmieremo la vita...».

In un primo momento l'esortazione non ottenne risposta. Allora i miei uomini cominciarono a martellare le pareti come se stessero preparando le nicchie per l'esplosivo. Questa manovra ridusse subito alla ragione i carabinieri. Aprirono la porta e ci lasciarono entrare nel cortile della caserma.

Fu difficile valutare subito la situazione: i fascisti consegnavano in fretta le armi e i loro volti smarriti sbucavano da ogni angolo.[p. 39]

Ero circondato dai miei compagni e stavo per dare disposizioni, quando notai il volto di un fascista contratto in una strana smorfia, che spuntava da dietro la porta: stava strappando con i denti la spoletta di una granata. La vidi volare nella nostra direzione e cadermi ai piedi sibilando. D'istinto, le diedi un calcio con lo stivale. La granata mi esplose vicino. Il cappotto si ridusse a brandelli e fu come se mi avessero immerso la gamba destra in un calderone bollente; la sinistra non la sentivo più, si era intorpidita del tutto ed era coperta di sangue.

Persi conoscenza e caddi sul selciato.

I miei compagni si gettarono immediatamente sui fascisti, disarmandoli. Solo in seguito venni a sapere che i nostri avevano distrutto la caserma e avevano bruciato l'edificio del direttivo locale uccidendo tutti i fascisti del luogo.

L'assalto partigiano si concluse con l'annientamento totale della guarnigione.

UN AMICO

Mi svegliai in un appartamento sconosciuto. Accanto a me c'erano Vincent e Rudolf.

Невольно бросаю взгляд на свои ноги. Их трудно узнать — сплошной кровавый кусок. Хорошо, что друзья успели снять сапоги. Боли не ощущаю, голова заполнена каким-то тягучим шумом.

— Где врач? — слышу вопрос Рудольфа.

Хозяйка что-то бормочет, я не разбираю ее слов. Рудольф берет меня на руки, мы идем по улице. На воздухе легче дышать. Я вижу отблеск далекого пожара. Это горит казарма, мы разгромили ее.

Куда несет меня немец? И почему я не вижу около себя ни одного русского партизана? Или я опять попал в плен? Меня выдал Рудольф? Этого не может быть!

— Откройте! — будто сквозь сон слышу требовательный голос Рудольфа.

Понимаю: мы пришли в местную амбулаторию. Врач встретил нас, но отказывается спасать партизана.

Фашисты повесят его за это.

— А мы вздернем тебя сегодня, если ты не окажешь немедленно помощь! — Это голос чеха Винцента. Значит, он со мною.

— Сейчас же расстреляю! — вторит ему грозный голос Рудольфа.[p. 40]

Мне становится легче. Друзья со мной. Они не оставят раненого в беде.

Я ощущаю чье-то прикосновение к моим изуродованным ногам. Вижу перед собой девичье лицо. Пышные короткие волосы, настолько черные, смоляные, что у меня рябит в глазах. Девушка обтирает ногу бинтом.

Врач смочил раны каким-то шипучим раствором.

Senza volere posai lo sguardo sulle mie gambe. Quasi non le riconobbi, erano un ammasso compatto di sangue. Per fortuna i miei compagni erano riusciti a togliermi gli stivali. Non sentivo dolore, solo un incessante ronzio in testa.

«Dov'è il medico?», sentii chiedere Rudolf.

La padrona di casa borbottò qualcosa, ma io non riuscii a distinguere le sue parole. Rudolf mi prese in braccio e uscimmo in strada. Era più facile respirare all'aperto. Vidi il bagliore dell'incendio non lontano: era la caserma che bruciava, l'avevamo rasa al suolo.

Dove mi stava portando il tedesco? E perché vicino a me non vedevo nessun partigiano russo? O forse mi avevano di nuovo fatto prigioniero? Rudolf mi aveva tradito? Non poteva essere!

«Aprite!», sentii come in un sogno la voce imperiosa di Rudolf.

Capii che eravamo arrivati all'ambulatorio del medico. Il dottore ci fece entrare, ma si rifiutava di salvare un partigiano[47].

I fascisti lo avrebbero impiccato.

«E noi ti appendiamo alla forca oggi stesso se non lo aiuti subito!». Era la voce del cecoslovacco Vincent. Allora c'era anche lui con me.

«Ti fucilo immediatamente», ribadì in tono minaccioso Rudolf... [p. 40]

Mi sentii il cuore più leggero, con me c'erano degli amici. Non avrebbero lasciato un ferito nei guai.

Sentii qualcuno toccarmi le gambe martoriate. Vidi davanti a me il volto di una ragazza con dei vaporosi capelli corti, così neri, corvini che mi annebbiavano la vista. La ragazza mi frizionò la gamba con una benda.

Il medico aveva bagnato le ferite con una soluzione che bruciava.

Кругом еще гремят выстрелы. Я понимаю: наши товарищи добивают остатки фашистского гарнизона.

— Он будет жить? — вновь слышу голос Винцента.

— Не знаю, — отвечает врач.

Чех уходит. Надо достать лошадь, чтобы отправить меня в горы. Мне объясняют, что Надья — сестра командира отделения нашей группы Винтурини. Она не останется в деревне, пойдет вместе с партизанами: если фашисты узнают, что девушка помогала «бандиту» Серджо, ее расстреляют.

Вдруг слышится гул машины. Неужели Винцент сумел достать грузовик? Но нет, гул мотора проходит стороной, его заглушают новые выстрелы, автоматная очередь. Возможно, это пришло подкрепление фашистам из соседнего села?

Близится рассвет. А стрельба все еще не утихает.

— Серджо, — обратился ко мне Рудольф. — Винцент может и не достать лошадь. Оставаться тебе здесь опасно. Цепляйся за меня, и я понесу тебя в горы.

Можно ли поверить немцу? Я задаю себе этот вопрос, и мне становится стыдно. Человек предлагает помощь, а я не верю ему. Вижу в нем только немца. Мне трудно ответить ему словами. Лишь взглядом я соглашаюсь с Рудольфом.

Он не отличался богатырской силой. Но поначалу ловко взвалил меня на спину. Я опять теряю сознание. Стараюсь лишь не выпустить пистолет. Одной рукой обхватил шею Рудольфа, другой держу пистолет. Чувствую, что рукоятка давит в грудь моему спасителю, но он молчит, терпит.

— Убери пистолет, товарищ Серджо, — просит наконец Рудольф. — Ты давишь грудь рукояткой. Мне тяжело нести тебя.

Intorno risuonavano ancora gli spari. Capii che i nostri compagni stavano dando il colpo di grazia a quel che restava della guarnigione fascista.

«Ce la farà?», sentii di nuovo la voce di Vincent.

«Non lo so», rispose il medico.

Il cecoslovacco uscì a procurarsi un cavallo per riportarmi sui monti. Mi spiegarono che Nadia era la sorella del comandante del distaccamento del nostro gruppo, Venturini[48]. Non sarebbe rimasta in paese, ma sarebbe andata con i partigiani: se i fascisti avessero scoperto che aveva aiutato il "bandito" Sergio, l'avrebbero fucilata.

All'improvviso si sentì il rombo di un motore. Possibile che Vincent fosse riuscito a procurarsi un autocarro? Ma il rumore si allontanò e fu coperto da quello di nuovi spari, dai colpi dei mitra. Forse erano arrivati i rinforzi dei fascisti dal paese vicino?

Si avvicinava l'alba, ma il fuoco ancora non cessava.

«Sergio», mi apostrofò Rudolf, «Vincent potrebbe anche non riuscire a trovare il cavallo e lasciarti qui è pericoloso. Aggrappati a me, ti porto io in montagna».

Potevo davvero fidarmi del tedesco? Nel farmi questa domanda, mi vergognai di me stesso. Lui mi offriva il suo aiuto e io non gli credevo. In lui vedevo solo un tedesco. Facevo fatica a rispondergli a parole, e quindi accettai solo con uno sguardo. Rudolf mi caricò agilmente sulla schiena.

Ma non si distingueva certo per la forza erculea. Persi di nuovo i sensi. Mi sforzavo soltanto di non mollare la pistola. Con una mano mi ero aggrappato al collo di Rudolf, mentre con l'altra tenevo l'arma. Sentivo che il calcio della pistola premeva sul torace del mio salvatore, ma lui non diceva niente, sopportando.

«Metti via la pistola, compagno Sergio», mi chiese infine Rudolf. «Con il calcio mi fai male al petto, faccio fatica a portarti così».

Вскоре нас догнали. Это был Винцент с лошадью и мулом. Меня усадили на лошадь. Уже в пути Рудольф промолвил:[p. 41]

— Ты прав, товарищ Серджо...

— О чем ты, Руди?

— Про пистолет. Я немец. И ты не поверил мне. Пусть так и будет. Я не обижаюсь. Война, — с какой-то грустью произнес он.

Мне было стыдно. Я крепко сжал руку своего верного боевого товарища Руди.

К своей стоянке мы добрались уже ранним утром. Там было полным-полно народа. Наши и пленные фашисты. Здесь же я увидел Надыо. Она стояла рядом со своим братом. При всех товарищах я поблагодарил Рудольфа и Винцента за свое спасение. А Гриша Пристансков расцеловал немца:

— Хорошо выполнил мой приказ, камрад. Командира спас. За это я бы тебе «Звездочку» вручил. Заслужил, брат.

Я лежал на самодельных носилках, когда Петр Малышев принес документы фашистов. Это были матерые головорезы, кавалеры Железного креста, участники похода на Париж, «ветераны» Восточного фронта, среди них находились четыре немца.

После короткого совещания с членами партизанского трибунала мы объявили приговор. Пленных отвели в низину и расстреляли. Им разрешили лишь принять благословение от партизанского капеллана дона Альберто.

РАДОСТИ И ПЕЧАЛИ

На третьи сутки после ранения мне стала хуже. Ноги опухли, они словно горели. Я понимал: начиналась гангрена. Требовалась срочная операция.

Ben presto fummo raggiunti da Vincent con un cavallo e un mulo. Mi fecero sedere in groppa al cavallo. Una volta in marcia Rudolf disse:[p. 41]

«Ti capisco, compagno Sergio…»

«Di che parli, Rudy?»

«Della pistola. Io sono tedesco, e tu non ti fidavi di me. Va bene, non mi offendo. È la guerra», disse con una certa tristezza.

Mi vergognai di me stesso e strinsi forte la mano del mio fedele compagno Rudy.

Già il mattino presto giungemmo al nostro accampamento, che era gremito di gente, visto che oltre ai nostri c'erano anche i prigionieri fascisti. Qui scorsi anche Nadia; era vicina al fratello. Davanti a tutti i compagni ringraziai Rudolf e Vincent per avermi salvato. Griša Pristanskov baciò il tedesco:

«Hai eseguito bene il mio ordine, compagno. Hai salvato il comandante. Ti conferirei l'Ordine della Stella Rossa per questo. Te la sei meritata, fratello»[49].

Me ne stavo disteso su una barella improvvisata quando Pëtr Malyšev portò i documenti dei fascisti. Erano tagliagole esperti, cavalieri della Croce di Ferro, partecipanti alla marcia su Parigi, "veterani" del fronte orientale, e fra di loro c'erano anche quattro tedeschi.

Dopo una breve consultazione con i membri del tribunale partigiano, pronunciammo la sentenza. I prigionieri furono portati a valle e fucilati. Permettemmo loro solo di ricevere la benedizione da parte del cappellano partigiano, don Alberto.

GIOIE E DOLORI

Tre giorni dopo che ero stato ferito cominciai a peggiorare. Le gambe si gonfiarono, era come se andassero a fuoco. Capii che era insorta la cancrena. Era necessario operare d'urgenza.

На этом настаивала Надья, которая не отлучалась от меня.

К вечеру у нас появился товарищ Антонио Карини — политический комиссар и представитель партизанского командования в провинции Форли. Он приказал немедленно отправляться в ближайшее село. Пока меня снаряжали в дорогу, Антонио Карини послал гонца, чтобы заранее отыскать сельского врача.

Четыре километра горной дороги показались мне вечностью. Моего Орлика вел под уздцы Гриша Пристансков. Рядом с ним шагала итальянка Надья. В сопровождающие напросился и Рудольф.[p. 42]

Врача мы застали дома. Его звали Джордано Нанни.

К нашему приходу он уже прокипятил инструменты, приготовил операционный стол. Когда взглянул на мои израненные ноги, то даже перекрестился.

— Что самое главное? — спросил он меня.

— Спасти ноги нашего командира! — поспешил с ответом Гриша.

— О, нет, синьор! Главное — вита, витториа. Жизнь. Победа!

На мое лицо легла влажная марля. Я еще видел перед собой Гришу. Он поправлял марлю своей шершавой ладонью, в другой руке держал бутылку с какой-то жидкостью. Сквозь туманную дымку я видел, как он старательно выливал на мое лицо жидкость.

— Довольно... он уже спит, — предупреждает врач. Но Жорка старается, льет, опустошает посудину, авторитетно заявляет:

— Скорее уснет...,

Сколько длилась возня со мной — не знаю. Синьор Джордано Нанни не оставлял операционного стола до тех пор, пока я не пришел в сознание.

Nadia, che non si allontanava dal mio capezzale, insisteva perché mi operassero.

Verso sera venne da noi il compagno Antonio Carini, commissario politico e membro del comando generale partigiano della provincia di Forlì. Ci ordinò subito di recarci nel paese più vicino[50]. Mentre mi preparavano per il viaggio, Antonio Carini inviò una staffetta perché cominciasse a cercare il medico del paese.

I quattro chilometri del sentiero di montagna mi parvero un'eternità. Griša Pristanskov teneva per la briglia il mio Orlik e vicino a lui procedeva Nadia. Anche Rudolf si era unito a noi di sua spontanea volontà.[p. 42]

Trovammo il dottore a casa. Si chiamava Giordano Nanni.

Al nostro arrivo aveva già sterilizzato gli strumenti e preparato il tavolo operatorio. Quando diede un'occhiata alle mie gambe martoriate, si fece addirittura il segno della croce.

«Qual è la cosa più importante?», mi chiese.

«Salvi le gambe del nostro comandante!», rispose subito Griša.

«Oh, no, signore! La cosa più importante è la *vita*, la *vittoria*!»[51].

Mi stesero sul viso una garza inumidita, vedevo ancora Griša davanti a me, sistemava la garza con il suo palmo rugoso, mentre nell'altra mano teneva una bottiglia con un liquido. La vista si annebbiò, ma Griša continuava con zelo a impregnare di quel liquido la garza sul mio volto.

«Basta… si è addormentato», lo ammonì il medico. Ma Žorka si dava da fare, continuando a versare finché la bottiglia non fu vuota, quindi dichiarò in tono autoritario:

«Meglio che si addormenti al più presto…»

Non so per quanto si affaccendarono intorno a me. Il dottor Giordano Nanni non lasciò il tavolo operatorio finché non ripresi conoscenza.

Из левой ноги врач извлек 56 осколков, немного меньше — из правой.

— Выживет наш Серджо? — не отступал Гриша.

— Я сказал, у него железный характер...

Утром 27 февраля меня навестил командир бригады Либиро и несколько итальянских товарищей. Они благодарили за разгром фашистов в селе Галиата.

— Вы слушали сегодняшнее радио? — спросил Либиро.

— Нет...

— Про вашу операцию сообщил Лондон. Назвал ее блестящей. Потом это сообщение повторила Москва в «Последнем часе». Вы можете гордиться, друзья. Командование поздравляет вас с победой. Партизаны будут представлены к наградам.

Это было самой великой радостью. Боль словно отступила в сторону. Я готов был вскочить с постели, но едва шевельнул ногой, как опять затуманилось перед глазами.

Товарищи рассказали, как восприняли нашу операцию фашисты. В своей газете они объявили ее дерзким налетом русских бандитов. Гарнизон Санто-Софии не решился выступить на помощь казарме карабинеров,[р. 43] ([foto] *Памятник погибшим участникам итальянского движения Сопротивления!*)[р. 44] хотя Галиата находилась всего лишь в пяти километрах от этого села. Туда дошел слух, будто в Галиату ворвались две тысячи бойцов партизанской бригады с артиллерией, минометами. Нас же было всего семьдесят.

Гитлеровские провокаторы использовали расстрел фашистов под Галиатой в своих целях. К месту расстрела прибыло два батальона солдат. Часть трупов они обезобразили, отрезали им носы, уши, губы, выкололи глаза и повезли их в Форли. Там устроили массовый осмотр расстрелянных фашистов, обвиняя в зверствах русских гарибальдийцев. Партизанская газета разоблачила злобную провокацию фашистов.

Il medico aveva rimosso 56 schegge dalla gamba sinistra e poche meno da quella destra.

«Ce la farà il nostro Sergio?», insisteva Griša.

«Gliel'ho detto, ha una volontà di ferro…».

Il mattino del 27 febbraio vennero a farmi visita il comandante della brigata Libero e alcuni compagni italiani. Mi ringraziarono per l'annientamento dei fascisti a Galeata.

«Ha ascoltato la radio oggi?», mi chiese Libero.

«No…».

«Londra ha parlato della sua azione, l'ha definita brillante. La notizia è stata poi ripresa anche da Mosca nel programma "Ultima ora". Potete esserne fieri, amici. Il comando vi fa le congratulazioni per la vittoria. I partigiani verranno proposti per una medaglia».

Questa notizia fu un'immensa gioia. Era come se il dolore fosse scomparso. Ero pronto a saltare giù dal letto ma, non appena mossi la gamba, mi si annebbiò di nuovo la vista.

I compagni mi raccontarono come era stata accolta la nostra azione da parte dei fascisti. Nel loro giornale l'avevano definita un audace assalto dei banditi russi. La guarnigione di Santa Sofia non aveva osato andare in soccorso della caserma dei carabinieri,[p. 43] *[nell'edizione originale, è inserita una foto di un Monumento ai caduti della Resistenza italiana]*[p. 44] benché Galeata si trovasse a soli cinque chilometri dal loro paese. Era infatti giunta loro voce che a Galeata avessero fatto irruzione duemila combattenti della brigata partigiana con artiglieria e mortai. Invece, noi eravamo in tutto settanta uomini!

I provocatori nazisti usarono la fucilazione dei fascisti nei pressi di Galeata per i loro scopi. Sul luogo dell'esecuzione arrivarono infatti due battaglioni di soldati, che sfigurarono parte dei cadaveri, tagliando loro naso, orecchie e labbra e cavandogli gli occhi. Dopodiché portarono i corpi sfigurati dei fascisti a Forlì, dove li misero sotto gli occhi di tutti, accusando delle atrocità i garibaldini russi. Il giornale partigiano, però, smascherò l'efferata provocazione dei fascisti.

В эти дни стало известно, что политический комиссар нашей бригады товарищ Антонио Карини был схвачен гитлеровцами, когда разыскивал самого опытного в округе врача, чтобы уберечь меня от гангрены. Его подвергли жестоким пыткам, труп сбросили в реку Ронко. Очень жаль было боевого друга, чуткого человека, которого партизаны звали Орсо[*] из Пьяченцы. Мы усилили удары по врагам.

Моральный дух наших врагов заметно упал: участились случаи дезертирства из немецких, итальянских воинских частей, в то время как ряды народного Сопротивления росли с каждым днем. К марту фашисты вынуждены были оставить Санто-Софию, Галиату и другие населенные пункты. Движение немецких войск по дороге Компини — Форли почти прекратилось, хотя фашисты весьма нуждались в этой важной магистрали. Наша разведка доносила, что немцы готовят сильнейший удар по партизанским соединениям. Приток людей, в отряды й группы Сопротивления позволил проникнуть сюда шпионам; они-то и доносили фашистам о дислокации, о численности партизанских сил.

К первым числам апреля моя русско-славянская группа оказалась во вражеском кольце.

НОЧЬ В ГОРАХ

Фашисты наступали со всех сторон — из Бебены, Самперу-Баня, Санто-Софии, Галиаты и Компини. Немцы подтянули к горным тропам артиллерию и начали такой обстрел, что трудно было укрыться от огня. В горах действовал 1-й парашютный полк, который подчинялся самому Герингу. Из двадцати пяти дивизий маршала Кессельринга шестнадцать отборных дивизий было брошено против партизан.

---

[*] Орсо — медведь

In quei giorni venimmo a sapere che il commissario politico della nostra brigata, il compagno Antonio Carini, era stato catturato dai nazisti mentre cercava un medico esperto che mi evitasse la cancrena. Lo sottoposero a indicibili torture e gettarono il suo cadavere nel fiume Ronco. Ci dispiacque immensamente per il nostro compagno d'armi, per quell'uomo sensibile che i partigiani chiamavano Orso* di Piacenza[52]. Intensificammo gli attacchi contro i nemici.

Il morale dei nostri avversari crollò visibilmente: i casi di diserzione fra i tedeschi e fra le truppe delle unità italiane erano aumentati, mentre le fila della Resistenza si ingrossavano di giorno in giorno. Verso marzo i fascisti furono costretti ad abbandonare Santa Sofia, Galeata e altri centri abitati. Sulla strada Campigna-Forlì quasi non si vedevano più truppe tedesche, benché i fascisti ne avessero molto bisogno lungo questa importante arteria. L'unità di ricognizione riferì che i tedeschi stavano preparando un poderoso attacco contro i reparti partigiani. L'afflusso di nuovi membri nei reparti e nei gruppi della Resistenza, infatti, permise l'infiltrazione di spie, che a loro volta riferivano ai fascisti la dislocazione e il numero delle forze partigiane.

Ai primi di aprile la mia compagnia slava si ritrovò accerchiata dal nemico.

UNA NOTTE SUI MONTI

I fascisti incalzavano da ogni lato: da Bibbiena, da San Piero in Bagno, da Santa Sofia, da Galeata e da Campigna. I tedeschi spostarono l'artiglieria sui sentieri di [p. 45] montagna e diedero inizio a un attacco così intenso che era difficile ripararsi dal fuoco. Sulle montagne operava inoltre la 1ª divisione paracadutisti che rispondeva direttamente a Göring. Delle venticinque divisioni del feldmaresciallo Kesselring, sedici corpi scelti erano schierati contro i partigiani.

---

* Orso = medved' – N.d.A. [Traslitterato in cirillico nel testo – N.d.T.].

Связь между соседними группами, отрядами Сопротивления у нас нарушилась.

В течение суток мы защищали подступы к селу Сан-Паоло. Пытались связаться с командованием бригады, но неудачно. Оценив обстановку, я приказал отходить к монастырю, в глубь горы. Там лесистая местность, в ней можно найти укрытие. Но оказалось, что монастырь уже заняли немцы. Нам предстояло переносить под открытым небом дожди, горный жгучий ветер.

Как ни рвались партизаны к монастырю, но захватить его так и не сумели.

9 апреля немецкий самолет сбросил над нами листовки. В них сообщалось, что партизаны окружены со всех сторон, они в смертельном кольце. Командир бригады капитан итальянской армии Либиро уже взят в плен. Главный бандит русской шайки Серджо повешен на площади Сан-Паола вместе с девушкой, которая врачевала его.

Это была явная ложь. О судьбе товарища Либиро мы не знали. Но сами-то пока здравствовали — и я, и девушка Надья! И все мои товарищи: Гриша Пристансков, Рудольф, Винцент, Петр Малышев и другие партизанские побратимы.

Этим же днем Гриша Пристансков вернулся с удачной операции: его группа разбила немецкую автомашину и захватила десятка три фауст-патронов [*sic*]. С ними нам легче будет прорвать вражеское кольцо.

Мы заняли выгодную позицию. Местность, по которой могли наступать немцы, хорошо простреливалась, обход с других сторон преграждали скалы. Монастырь оказался словно на ладони.

Ждать вражеского удара долго не пришлось. Немцы пошли в атаку. Подпустив их примерно на сто метров, мы открыли огонь.

Le comunicazioni fra i gruppi vicini e i reparti della Resistenza furono interrotte.

Nel giro di un giorno portammo sotto il nostro controllo tutti gli accessi a San Paolo. Cercammo di metterci in contatto con il centro direttivo della brigata, ma invano. Dopo aver valutato la situazione, ordinai di ritirarci in un monastero, nel cuore della montagna. Era una zona boscosa e lì avremmo potuto nasconderci. Ma scoprimmo che il monastero era già stato occupato dai tedeschi. Avremmo dovuto sopportare all'aperto le piogge e il vento pungente della montagna.

I partigiani cercarono in tutti i modi di prendere il monastero[53], ma non ci riuscirono.

Il 9 aprile un aereo tedesco fece piovere su di noi dei volantini che dicevano che i partigiani erano circondati su ogni lato e che si trovavano in un accerchiamento mortale. Il comandante della brigata, il capitano dell'esercito italiano Libero, era già stato fatto prigioniero, mentre Sergio, il bandito a capo della masnada russa, era stato impiccato nella piazza di San Paolo insieme alla ragazza che l'aveva curato.

Era una menzogna bella e buona. Non sapevamo che cosa fosse accaduto al compagno Libero, ma di sicuro noi eravamo vivi e vegeti, sia io che Nadia! E anche tutti i miei compagni lo erano: Griša Pristanskov, Rudolf, Vincent, Pëtr Malyŝev e gli altri partigiani.

Quello stesso giorno Griša tornò da un'azione andata a buon fine: il suo gruppo aveva sbaragliato un mezzo tedesco e aveva preso circa tre decine di panzerfaust. Con questi lanciagranate sarebbe stato più facile rompere l'accerchiamento.

Occupammo una posizione strategica: si riusciva a sparare bene a ventaglio sulla zona dalla quale avrebbero potuto attaccare i tedeschi e le vie di fuga ai lati erano sbarrate dalle rocce. Il monastero risultava perfettamente visibile.

Non dovemmo aspettare a lungo l'assalto nemico. I tedeschi diedero inizio all'offensiva. Dopo averli lasciati avvicinare un centinaio di metri, aprimmo il fuoco.

Два наших крупнокалиберных пулемета косили солдат с неистовой яростью. Фауст-патроны [*sic*] накрыли губительным огнем весь монастырь. Немцы вынуждены были отойти обратно, оставив перед нашей позицией много трупов.[p. 46]

Ясно, что враг будет ждать подкрепления. Уже слышался где-то внизу грохот тягачей — это подступала к горам немецкая артиллерия. Против нее едва ли устоят наши пулеметы.

Надо отходить. Но куда? Позади нас — смертельный обрыв, там лишь горная коза сможет пройти. А как быть с лошадьми, с мулами, без которых не справиться с переброской раненых, продовольствия, боеприпасов? Мир не без добрых людей — это известно каждому. И на этот раз нас выручил из беды старик партизан оказавшийся местным жителем. Он знал такую тропку, о которой вряд ли догадаются немцы. Человек пройдет по ней, если не побоится пропасти, если сумеет держаться за скалы. Мулы, возможно, преодолеют тропинку, лошадям же не справиться с нею. Но отходить надо.

В ночь на 11 апреля решаем двигаться в путь. Предварительно поручаю Николаю Черноусу устроить засаду немцам, зайти с десятью партизанами в тыл фашистам и блокировать домик, который может оказаться на нашем пути. Дорогу к этому домику укажет проводник. Николай Черноус отлично справился с заданием. В два часа ночи мы вышли из железного кольца немцев, не потеряв ни одного человека. Уже к вечеру группа достигла вершины горы, где приютилось небольшое село Пьянды-Града. Нам необходимо было передохнуть, укрыться от дождя. Но разведка принесла печальную новость: в селе расположился батальон немцев. Вступить с ними в бой после тяжелого ночного перехода — значит подвергнуть товарищей большой опасности.

La rabbia delle nostre due mitragliatrici grosso calibro falciò i soldati senza pietà, mentre i panzerfaust fecero piovere il loro fuoco micidiale su tutto il monastero. I tedeschi furono costretti a fare dietrofront, lasciando davanti alla nostra postazione molti cadaveri.[p. 46]

Ovviamente il nemico avrebbe atteso i rinforzi. Da qualche parte a valle si sentiva già il fragore dei camion trattori: era il rumore dell'artiglieria tedesca che si avvicinava alla montagna. Contro di essa le nostre mitragliatrici avrebbero retto a malapena.

Dovevamo andarcene. Già, ma dove? Dietro di noi c'era un precipizio insidioso, di lì passavano solo le capre di montagna. E come la mettevamo con i cavalli e i muli, senza i quali non avremmo potuto trasportare i feriti, i viveri e le munizioni? Ma si sa, il mondo è pieno di brava gente. E questa volta a tirarci fuori dai guai fu un vecchio partigiano, un abitante del luogo. Conosceva infatti un sentiero di cui difficilmente i tedeschi avrebbero immaginato l'esistenza. A patto di non soffrire di vertigini, lo si poteva percorrere tenendosi alle rocce. Forse i muli potevano farcela, ma i cavalli di sicuro non ci sarebbero riusciti. Comunque fosse, dovevamo assolutamente andarcene.

La sera dell'11 aprile decidemmo di metterci in cammino. Avevo già affidato a Nikolaj Černous il compito di tendere un agguato ai tedeschi: lui e una decina di partigiani dovevano raggiungere le retrovie fasciste e assediare un casolare che avrebbe potuto trovarsi lungo il nostro percorso. La guida indicò loro la strada. Nikolaj Černous portò egregiamente a termine la missione. Alle due di notte eravamo usciti dall'impenetrabile accerchiamento dei tedeschi senza riportare alcuna perdita. Già verso sera il gruppo giunse in cima alla montagna dove si nascondeva il paesino di Pian del Grado[54]. Avevamo un gran bisogno di ristorarci e di ripararci dalla pioggia, ma la squadra di ricognizione ci portò cattive notizie: in paese c'era un battaglione di tedeschi. Ingaggiare uno scontro dopo la pesante marcia notturna avrebbe significato esporre i compagni a un grosso rischio.

Наш проводник и тут пришел на выручку. Он не побоялся густого тумана, непроглядной ночи и повел партизан по самой замысловатой тропе. Лошадей и мулов пришлось оставить. Цепляясь за выступы сбивая в пропасть камни, продвигались вперед. Дождь обжигал лицо, холодный ветер стремился сбросить вниз, но товарищи как будто позабыли про все невзгоды.

Я понимал, что товарищам трудно нести меня на носилках, просил опустить на землю. Но разве можно было ступать искалеченными ногами по грязному месиву? Друзья часто менялись, иногда вынуждены были держать носилки над головами, но все же продвигались вперед.[p. 47]

Надья все время сопровождала меня. Гриша Пристансков нес мой автомат и двигался рядом.

Сильный ветер бил нам в лицо. Потоки горной воды преграждали путь.

Надья что-то хотела мне сказать. Я не видел ее лица, но слышал, как стучали ее зубы. От холода у нее занемел язык, и она не могла промолвить ни слова.

— Виттория, вита... — хотел я подбодрить итальянским словом девушку. — Жизнь... Нам надо жить, бороться! Возможно, эти слова оказали своё действие. Я видел, как Надья кивнула головой, но ответить все же не сумела.

Утром мы не могли узнать друг друга. Грязные лица, оборванная, промокшая одежда на плечах, окровавленные руки, — нас словно извлекли из ада. Но мы оставили позади смертельное кольцо, вырвались из него.

Привал устроили на удобной гранитной площадке, где могли свободно разместиться шестьдесят бойцов. Говорили вполголоса — ведь немцы были от нас примерно в семистах метрах. Отсюда хорошо было видно четыре сельских домика, где бодрствовали фашистские солдаты.

Anche questa volta ci venne in aiuto la nostra guida. Non temeva la fitta nebbia e l'oscurità impenetrabile e ci condusse lungo il tortuoso sentiero. Ci toccò però lasciare indietro muli e cavalli. Avanzavamo aggrappandoci alle sporgenze, i sassi cadevano nel vuoto. La pioggia sferzava il volto e il vento gelido cercava di farci precipitare, ma era come se i compagni avessero dimenticato tutti i disagi.

Capivo che per loro era difficile portarmi con la barella e gli chiesi di poggiarmi a terra. Ma non si poteva lasciare che le gambe ferite entrassero in contatto con la melma sudicia. I miei amici si davano spesso il cambio, e a volte erano costretti a sollevare la barella sopra la testa, ma continuarono comunque ad avanzare.[p. 47]

Nadia mi accompagnò per tutto il tempo. Griša Pristanskov mi teneva il mitra e mi camminava accanto.

Il forte vento ci sferzava il volto e i torrenti di montagna ci sbarravano il percorso.

Nadia voleva dirmi qualcosa; non la vedevo in viso, ma la sentivo battere i denti. Le si era intorpidita la lingua per il freddo e non riusciva a proferire parola.

«*Vittoria, vita…*»[55], volevo rasserenarla con parole italiane. «Vita… Dobbiamo vivere, lottare!». Forse queste parole fecero effetto. La vidi annuire con il capo, ma non riuscì a rispondermi.

Il mattino dopo non ci riconoscevamo più: i volti sudici, indosso gli abiti strappati e zuppi, le mani insanguinate, sembravamo usciti dall'inferno. Però ci eravamo lasciati alle spalle quel mortale accerchiamento, ne eravamo usciti.

Facemmo una sosta in un ampio spiazzo di granito dove entravano comodamente sessanta uomini. Parlavamo sottovoce: dopotutto, i tedeschi erano a circa settecento metri da noi. Da lì si vedevano bene quattro case contadine dove stavano di guardia i soldati fascisti.

Надо обложить их с двух сторон. Если фашисты бросятся бежать вниз, на равнину, их и там должны встретить партизанские автоматы. Так и сделали. Стоило нам открыть по домикам огонь из крупнокалиберных пулеметов, как немцы бросились врассыпную.. Уже через полчаса село Пьянды-Града было занято нами.

ПОСЛЕДНЕЕ СРАЖЕНИЕ

Фашисты вынуждены были снять осаду всего района. К этому времени союзники усилили удары по основным силам гитлеровцев. И фашистское командование решило вывести с гор своих альпийских стрелков.

Партизаны стали снова занимать выгодные позиции. Жители сел не верили собственным глазами: фашисты трубили, что с партизанами покончено, а гарибальдийцы вновь появились. Мы видели сожженные дома, взорванные церкви, расстрелянных людей. Это фашисты мстили местным жителям за помощь партизанам.

В Сан-Паоло гитлеровские варвары казнили нашего большого друга, верного помощника — местного священника. Ему было 80 лет.

В конце апреля к нам прибыли новый командир бригады товарищ Педро и комиссар товарищ Терсо.

— Ты жив, Серджо? — удивились они и показали фашистские листовки, где говорилось о моей казни через повешение.

— Жив и буду жить! — невольно вырвалось у меня.

Мы разработали план новых операций. Фашистам нельзя было давать покоя. Тем более, что Советская Армия наносит один удар за другим, бьет фашистов уже на их территории. И в своем глубоком тылу, на итальянской земле, гитлеровцы не должны иметь покоя.

Вскоре мы вновь стали хозяевами района,

Bisognava circondarle su due lati. Se i fascisti si fossero messi a correre verso il basso, verso la pianura, avrebbero dovuto trovarsi di fronte i fucili dei partigiani anche lì. E così facemmo. Bastò aprire il fuoco delle mitragliatrici di grosso calibro sulle case perché i tedeschi fuggissero alla spicciolata... Già dopo mezzora avevamo fatto nostro Pian del Grado.

L'ULTIMA BATTAGLIA

I fascisti furono costretti a togliere l'assedio da tutta la zona. A quell'epoca gli Alleati avevano ormai intensificato gli attacchi contro le principali forze naziste. Inoltre, il comando fascista decise di togliere dalle montagne i suoi fucilieri alpini.

I partigiani cominciarono a rioccupare le posizioni strategiche. Gli abitanti dei paesi non credevano ai loro occhi: i fascisti proclamavano a gran voce che i partigiani erano finiti, mentre i garibaldini facevano nuovamente la loro comparsa. Vedemmo case bruciate, chiese fatte saltare in aria, persone fucilate. Così i fascisti si vendicavano degli abitanti per l'aiuto fornito ai partigiani.

A San Paolo i barbari nazisti avevano giustiziato un nostro grande amico e fedele aiutante, il parroco. Aveva ottant'anni.

Alla fine di aprile vennero da noi il nuovo comandante della brigata, il compagno[p. 48] Pedro[56], e il commissario, il compagno Terzo[57].

«Sergio, sei vivo!», e mi mostrarono stupiti i volantini fascisti dove si diceva che mi avevano giustiziato mediante impiccagione.

«Sono vivo e vivo resterò!», mi uscì d'istinto.

Mettemmo a punto un piano per le nuove azioni. Non bisognava dare tregua ai fascisti. Tanto più che l'Armata Rossa metteva a segno un colpo dopo l'altro, battendo i nazi-fascisti sul loro territorio. E i nazisti non dovevano avere pace neanche nelle più remote retrovie italiane

Ben presto riconquistammo la regione.

Гриша Пристансков часто ходил в низину, нападал со своей группой на гарнизоны немцев. Как и прежде, он любил шутку, разучил не одну итальянскую песенку. Партизанская борьба закалила его характер. Он стал рассудительным, отважным бойцом.

Приведу лишь один пример. У нас плоховато было с гражданской одеждой, хотя она требовалась для некоторых операций. Я попросил, чтобы товарищ поделился с товарищем — кто рубахой, кто брюками, кто ботинками. Гриша взялся растолковывать мою просьбу итальянским бойцам.

— У коммуниста есть такое правило, — пояснял он, — имеется у тебя два костюма — отдай один другу.

Стоявшие поодаль женщины-итальянки прыснули от смеха. А самая бойкая сказала Джорджио:

— У тебя на руках двое часов. Отдай одни мне...

Пристансков даже глазом не моргнул, сразу же отцепил с правой руки трофейные часы и галантно подал их итальянке.

Таким был Георгий Пристансков, — наш Гриша, наш Жорка, друг итальянских антифашистов, товарищ Джорджио.

В последний раз я видел его перед уходом на операцию под Канселичи. Он даже не попрощался со мной, когда выслушал приказ.

Два дня мы держали под своим контролем дорогу на Равенну. Потом откуда-то появилась большая колонна немцев. Она обошла бойцов Пристанскова. Надо было отходить в горы. [p. 49]

Гриша залег у обочины с пулеметом. Товарищам приказал отступать, сам решил прикрывать своих бойцов. Немецкая засада вела неистовый огонь. Он бился до последнего патрона и обеспечил отход своим товарищам.

Griša Pristanskov scendeva spesso in pianura, piombando con il suo gruppo sulle guarnigioni tedesche. Come prima, amava ancora scherzare e aveva imparato diverse canzoni italiane, ma la lotta partigiana lo aveva temprato: era divenuto un soldato assennato e coraggioso.

Farò solo un esempio. Ce la passavamo maluccio quanto ad abiti civili, che però ci servivano per alcune azioni. Chiesi dunque che ogni compagno mettesse a disposizione degli altri ciò che aveva: la camicia, i calzoni, le scarpe. Griša si mise a illustrare la mia richiesta ai soldati italiani:

«I comunisti hanno questa regola» spiegò «se hai due vestiti, danne uno all'amico».

Le donne che se ne stavano a una certa distanza scoppiarono a ridere. E la più sveglia disse a Giorgio:

«Tu hai due orologi. Dammene uno…».

Pristanskov, senza battere ciglio, si sganciò l'orologio rubato e lo porse con galanteria all'italiana.

Così era fatto Georgij Pristanskov, il nostro Griša, il nostro Žorka, l'amico degli antifascisti italiani, il compagno Giorgio.

Lo vidi per l'ultima volta prima di un'azione nei pressi di Conselice. Quando sentì l'ordine di entrare in azione, non mi salutò nemmeno per la foga.

Da due giorni tenevamo sotto controllo la strada per Ravenna. Poi, da chissà dove spuntò una grossa colonna di tedeschi, che oltrepassò gli uomini di Pristanskov. Bisognava tornare sulle montagne.[p. 49]

Griša si posizionò ai margini della strada con la mitragliatrice. Ai compagni ordinò di battere in ritirata, mentre lui decise di coprire loro le spalle. La squadra tedesca aprì un fuoco serrato.

Когда Гриша увидел, что ему не удастся вырваться из немецкого кольца, он подпустил фашистов на десять — пятнадцать метров.

Поливал их огнем, скосил не один десяток немцев. Последнюю пулю из своего пистолета Гриша пустил в висок. Произошло это на сельском кладбище. Местные жители так и не узнали имени человека, который сражался в Канселичах с фашистами. Лишь об одном они догадались — это был русский солдат. Похоронили его на самом почетном месте сельского кладбища, могильную плиту украсили гордым русским именем — Георгий. На далекой итальянской земле появилась еще одна безвестная могила, сохранившая лишь имя партизана.

К концу октября 1944 года наша русско-славянская группа насчитывала уже около двухсот человек. Мы являлись важной ударной силой 8-й партизанской бригады имени Джузеппе Гарибальди.

Немцев окружали со всех сторон. Мы помогали регулярным частям союзников теснить немцев, а потом и сами перешли в наступление. К приходу американцев и англичан в город Форли мы уже заняли его и налаживали здесь мирную жизнь.

После соединения с войсками союзников, вместе с Петром Малышевым на захваченной у немцев легковой машине, я прибыл в столицу Италии. В Риме к тому времени уже работала военная миссия СССР. Там я встретился с заместителем начальника военной миссии Советского Союза полковником Яковлевым.

Теперь младшему лейтенанту Советской Армии Сергею Сорокину предстояло нести службу в Комитете по репатриации советских граждан, оказавшихся на итальянской земле.

Июньским днем 1945 года я как начальник эшелона привез своих сограждан на Родину, в Союз Советских Социалистических Республик.

Griša si batté fino all'ultima munizione e permise ai compagni di mettersi in salvo.

Quando capì che non sarebbe riuscito a uscire dall'accerchiamento nemico, fece avanzare i tedeschi di dieci-quindici metri, e quindi aprì il fuoco su di loro, falciando più di una decina di tedeschi. Con l'ultimo proiettile della sua pistola si sparò alla tempia. Tutto ciò avvenne nel cimitero del paese. Gli abitanti non riuscirono a scoprire l'identità dell'uomo che aveva combattuto contro i fascisti a Conselice. Solo una cosa riuscirono ad indovinare: si trattava di un soldato russo. Lo seppellirono nel punto più prestigioso del cimitero del paese, ornando la lapide con il suo fiero nome russo, Georgij. Sul lontano suolo italiano era comparsa l'ennesima tomba recante solo il nome di un partigiano[58].

Alla fine dell'ottobre del 1944 la nostra compagnia slava contava ormai circa duecento uomini. Eravamo un'importante forza d'assalto della 8ª brigata Garibaldi.

Accerchiavamo i tedeschi su tutti i lati. Aiutavamo le truppe regolari degli alleati a stringere i tedeschi in una morsa e poi partivamo anche noi all'attacco. All'arrivo degli americani e degli inglesi a Forlì avevamo già occupato la città e vi avevamo riportato la pace[59].

Dopo esserci uniti alle truppe alleate, io e Pëtr Malyšev arrivammo nella capitale italiana a bordo di un'auto presa ai tedeschi. A Roma a quell'epoca era già attiva una missione militare dell'URSS. Lì incontrai il vicecapo della missione, il colonnello Âkovlev[60].

Ora, al sottotenente dell'Esercito sovietico Sergej Sorokin toccava prestare servizio nella Commissione per il rimpatrio dei cittadini sovietici che si trovavano in terra italiana.

Un giorno di giugno del 1945, in qualità di capoconvoglio, riportai i miei concittadini in patria, nell'Unione delle Repubbliche Socialiste Sovietiche[61].

Лишь после этого на родной стороне я снял офицерские погоны.[p. 50]

ЧЕРЕЗ ДВАДЦАТЬ ЛЕТ

Теперь я мирных дел человек. Живу в родном селе. Называется оно Лозовым. Работаю бригадиром тракторного отряда колхоза «Искра» Павловского района Воронежской области. Выращиваю хлеб, обрабатываю землю, знакомую мне с детства, о которой не переставал думать и в чужих заморских краях. Теперь я коммунист, навечно связал свою судьбу со всеми делами, которые вершит в стране наша великая партия.

Что еще рассказать о себе?

Лучше — о друзьях-товарищах, с которыми тружусь на тракторе. Обосновался наш полевой стан там, где когда-то в старину пролегал шумный гужевой тракт. Эта дорога пересекала степные взгорки, лощины, бежала к Павловску, к ростовским горняцким просторам. По тракту крестьяне ездили на ярмарки.

Никогда они не миновали степного колодца, что стоял у самой дороги. Ключевая вода его славилась на всю округу. Девчата пели песни про стройные русские березки, что украшали дорожку к этому степному роднику.

И ходила в наших местах старинная легенда, будто какой-то купец-богач зарыл у этого колодца золотой клад. Храбрые одиночки из местных крестьян не раз пытались откопать богатство. Люди видели, как ночной порой в степи мерцали беспокойные огоньки.

Говорят, надо поначалу откопать ключ. Будто купец зарыл его не так-то уж глубоко. Потом добраться до заветного сундука, отомкнуть его тем ключом — и получай бесценные дары.

Solo dopo di ciò, finalmente nella madre patria, riposi la divisa da ufficiale e tornai a vestire i panni da civile.[p. 50]

VENT'ANNI DOPO

Ora [1969] ho deposto le armi. Abito nel mio paese natale, Lozov[62]. Faccio il caposquadra nella sezione trattori del kolchoz "Iskra" nel distretto di Pavlovskij, nella regione di Voronež. Coltivo il grano, lavoro la terra che conosco da quand'ero bambino e alla quale non smettevo di pensare neanche in quelle lontane terre straniere. Ora sono un comunista e il mio destino è legato per sempre a quanto realizzato nel nostro Paese da questo grande Partito. Che dire ancora di me?

Meglio parlare degli amici e compagni con i quali lavoro con i trattori. Il nostro accampamento si trovava nel punto in cui un tempo passava la rumorosa strada maestra percorsa dai carri. La via attraversava le valli delle steppe e le collinette e correva fino a Pavlovsk, fino alle distese minerarie di Rostov. Lungo quel tratto i contadini andavano alle fiere.

Non mancavano mai di fermarsi al pozzo della steppa che si trovava lungo la strada, la cui acqua di sorgente era rinomata in tutta la zona, tanto che le ragazze intonavano canti sulle betulle russe dal fusto slanciato che fiancheggiavano la via verso la sorgente delle steppe.

Dalle nostre parti era diffusa un'antica leggenda secondo la quale un ricco mercante aveva sepolto un tesoro accanto al pozzo. Alcuni coraggiosi fra i contadini locali più di una volta avevano cercato di scovare da soli questa ricchezza, e a volte di notte nella steppa si vedevano ardere dei piccoli falò tremolanti.

Si diceva che bisognasse prima disseppellire la chiave e che il mercante non l'avesse nascosta poi tanto in profondità. A quel punto si sarebbe arrivati al baule segreto: bastava aprirlo con la chiave per trovare inestimabili ricchezze.

Время бежало, а никому не довелось отыскать свое счастье. Степная дорога ушла потом стороной от этих мест, колодец обвалился...

А как можно без воды в поле? Про колодец вспоминали наши односельчане, и до войны, и после победы, даже буровые вышки строили неподалеку. Ничего не получалось. Молчал заветный подземный родник.

Одиночкам не под силу было достать заветный ключик от клада, а мы своим колхозом добились этого. Собственными руками выбирали глыбы земли, расчищали старый колодец. Не одну неделю маялись. Бадью пристроили, движок завели, к первой воде подступили. [p. 51]

Купеческого ключа мы, конечно, не нашли, а ключевой водицы достали. На десятом метре. Первую грунтовую воду пили как самый желанный праздничный напиток. Всей бригадой, всем колхозом.

Вокруг старого колодца вишни, яблони посадили, огород разбили, новые домики для трактористов поставили. Здесь можно и отдохнуть, и песню послушать. К чему я это говорю? Ключ нашей жизни — в наших собственных руках. Все, что мы делаем на земле, — это для общего блага. Вот такой-то единой мыслью и живем теперь мы, советские люди, люди мирного труда.

Именно об этом я говорил с итальянскими друзьями, когда вновь побывал в городах и селах Италии по приглашению Национальной ассоциации итальянских партизан. Через двадцать лет после войны. Они, мои боевые друзья-побратимы, отыскали товарища Серджо и в степном воронежском селе Лозовом.

Нашу группу бывших гарибальдийцев возглавлял вожак партизан Украины, дважды Герой Советского Союза А. Ф. Федоров.

Il tempo passava, ma nessuno riuscì a trovare quella fortuna. In seguito la strada nella steppa deviò da questi luoghi e il pozzo crollò...

Ma nei campi non si poteva certo stare senz'acqua. I nostri compaesani si ricordavano del pozzo sia prima della guerra, sia dopo la vittoria, e poco lontano avevano addirittura costruito delle torrette di perforazione, ma senza risultati. La segreta sorgente sotterranea taceva.

Trovare la chiave segreta del tesoro andava oltre le forze di una singola persona, ma noi con il nostro kolchoz ci riuscimmo. Frantumammo le zolle di terra con le mani, disseppellendo a poco a poco il vecchio pozzo. Faticammo duramente per molte settimane. Agganciammo un secchio, avviammo il motore della pompa e arrivammo alla superficie dell'acqua.[p. 51]

La chiave del mercante, naturalmente, non la trovammo, ma l'acqua di sorgente sì. A una profondità di dieci metri. La prima acqua freatica, preziosa e inestimabile, fu come nettare degli dèi per tutta la squadra, per tutto il kolchoz!

Intorno al vecchio pozzo piantammo ciliegi, meli e un orto. Inoltre costruimmo delle nuove casette per i guidatori di trattori, dove ci si poteva riposare e ascoltare qualche canzone. Perché sto dicendo tutto questo? Perché la chiave della vita è nelle nostre stesse mani. Tutto quel che facciamo sulla terra è per il bene comune. E con quest'unico pensiero viviamo anche oggi noi, popolo sovietico, lavoratori pacifici.

Proprio di tutto ciò parlai con gli amici italiani quando tornai nelle città e nei paesi italiani su invito dell'Associazione Nazionale Partigiani d'Italia, vent'anni dopo la guerra [1965]. Loro, i miei vecchi amici e commilitoni compagni d'armi, avevano scovato il compagno Sergio, andandolo a cercare persino nello sperduto paesino di Lozov, nella steppa di Voronež.

La nostra delegazione di ex garibaldini era capeggiata da A. F. Fëdorov, un partigiano dell'Ucraina due volte eroe dell'Unione Sovietica[63].

Вот тогда-то мне и подарили книгу Адамо Цанелли, нашего партизанского летописца, где говорилось о моей гибели. «Сергей Сорокин пролил свою кровь на нашей земле, отдав жизнь за свою и нашу свободу» — писалось на ее страницах. Эта книга и уверила товарищей в моей смерти. Там же упоминалось имя партизана Георгия, который покоился на кладбище села Канселичи.

Первым долгом я пошел навестить своего Гришу. Итальянцы знали русского бойца под именем Джорджио. Я назвал им его фамилию. Тогда же я поклялся непременно отыскать родных Георгия и сообщить им о его последних минутах жизни.

Десять дней, проведенные в Италии, напомнили о боевом прошлом. Я узнал партизанских друзей, многих встретил, и среди них Чиро Дельмонте — нашего «Тарзана», нашего «пекаря», как мы любовно называли храброго партизана. Теперь он работает регулировщиком в автоинспекции, живет в городе Луго, что в провинции Равенна. Написал воспоминания о нашей бригаде имени Джузеппе Гарибальди.

В живых остались Лионич, Джан Паоло, моя спасительница Надья, [p. 52] (*[foto] Сергей Сорокин . встретился в Италии с сыном участника боев с фашизмом Палоретти врач Джордано Нанни и многие-многие другие.*) врач Джордано Нанни и многие-многие другие.

Национальная ассоциация итальянских партизан вручила мне высшую награду движения Сопротивления — Звезду Гарибальди. Вместе с грамотой, которая была подписана генеральным секретарем Коммунистической партии Италии товарищем Луиджи Лонго. Тогда же я получил юбилейные медали городов Форли, Флоренции, [p. 53 Флорен-] Прато, Болоньи. Товарищи вручили мне также памятную медаль имени Пальмиро Тольятти, на которой выгравированы слова «Издалека мы пришли и далекоо пойдем». В моей петлице оказался перламутровый цветок из нескольких лепестков.

Fu in quell'occasione che mi regalarono il libro di Adamo Zanelli, il partigiano che scrisse le cronache di quei giorni. Narrava anche della mia morte: «...Sergej Sorokin ha versato il suo sangue sulla nostra terra, sacrificando la vita per la sua e per la nostra libertà...». Così diceva il libro, tanto che aveva convinto della mia morte persino i miei compagni. In quelle pagine si faceva anche il nome del partigiano Georgij, che riposava nel cimitero di Conselice[64].

Per prima cosa andai a far visita alla tomba del mio Griša. Gli italiani lo conoscevano con il nome Giorgio, mentre io lo chiamavo per cognome. All'epoca, mi ero ripromesso di trovare subito i parenti di Georgji e raccontare loro i suoi ultimi minuti di vita.

I dieci giorni trascorsi in Italia mi riportarono alla mente i giorni della guerra. Riconobbi gli amici partigiani e ne incontrai molti, fra cui Ciro Dal Monte, il nostro "Tarzan", il nostro "fornaio", come avevamo affettuosamente soprannominato il coraggioso partigiano. Ora lavora come vigile e vive a Lugo, in provincia di Ravenna. Ha scritto delle memorie sulla nostra brigata Garibaldi[65].

Sono ancora vivi anche Lionič, Gianpaolo, la mia salvatrice Nadia,[p. 52] [nell'originale è inserita una foto con la seguente didascalia: *In Italia Sergej Sorokin ha incontrato il figlio di uno dei combattenti contro il fascismo, Paloretti*] il dottor Giordano Nanni e molti, molti altri[66].

L'Associazione Nazionale Partigiani d'Italia mi conferì la più alta onorificenza della Resistenza, la "Stella d'oro garibaldina", insieme a un attestato firmato dal segretario generale del Partito comunista italiano, il compagno Luigi Longo. In quell'occasione ricevetti anche le medaglie per l'anniversario delle città di Forlì, Firenze, Prato e Bologna.[p. 53] I compagni mi conferirono inoltre una medaglia in onore di Palmiro Togliatti, sulla quale erano incise la parole: «Veniamo da lontano e andiamo lontano». Al mio occhiello comparve un fiore con dei petali di madreperla.

Это знак почетного гостя города Флоренции, у стен которой нам доводилось бить фашистов.

Двадцать минувших лет не поколебали нашей боевой дружбы. Итальянцы принимали русскую делегацию партизан как своих братьев, как людей, которые помогали им громить фашистов на родной земле.

Теперь я выращиваю хлеб, воспитываю дочь Любу и сына Александра. Жена моя тоже несет мирную службу, самую гуманную на земле: она сельский медицинский работник.

Часто получаю письма из Италии. Наша боевая дружба скреплена кровью, и ее невозможно нарушить. И в Италии есть люди, которые гордятся своей борьбой с гитлеровской коричневой чумой. Они продолжают борьбу за мир.

Лишь совсем недавно мне удалось отыскать родных моего боевого друга, героя итальянского Сопротивления Георгия Ильича Пристанскова. Прежде всего побывал в станице его детства Кумылженской, что в Волгоградской области. Встретил там школьных друзей Гриши, расспросил у них о своем боевом товарище. Они-то и подсказали местожительство матери героя Ксении Никифоровны, брата, сестры. Пусть через двадцать с лишним лет, но я рассказал, как он сражался до последней минуты с лютым врагом и как отдал жизнь за наше общее счастье. Может быть, этим я выполнил последний долг перед товарищем.

Мы — мирные люди. Мой сын служит сейчас в армии. Он крепко держит в руках боевое оружие. Такой наказ Александр получил от отца перед тем, как уйти выполнять свой воинский долг гражданина страны Советов. Но если потребуется, я сам возьмусь за оружие, чтобы вновь стать на защиту, любимой матери-Родины.

Пусть же над нашей землею плывут мирные облака, светит ласковое солнце и растут на ней хлеба, пусть живут мирно добрые люди.[p. 54]

È il simbolo dell'ospite d'onore di Firenze, sotto le cui mura eravamo riusciti a sconfiggere i fascisti.

I vent'anni trascorsi non avevano affatto scalfito la nostra amicizia. Gli italiani accolsero la delegazione russa di partigiani come se fossero loro fratelli, come persone che li avevano aiutati a sconfiggere i fascisti sulla loro terra natia.

Ora coltivo il grano e cresco i miei figli Lûba e Aleksandr. Anche mia moglie è una pacifica lavoratrice e svolge il mestiere più umano al mondo: è il medico del paese.

Ho ricevuto spesso delle lettere dall'Italia. La nostra amicizia in tempo di guerra è stata consolidata dal sangue ed è impossibile distruggerla. Inoltre, in Italia ci sono persone che vanno fiere della propria lotta contro le camicie brune naziste e continuano ancora oggi a lottare per la pace.

Solo di recente sono riuscito a trovare i parenti del mio commilitone, l'eroe della Resistenza italiana Georgij Ilič Pristanskov. Prima di tutto sono stato nel villaggio della sua infanzia, Kumylženskaâ, che si trova nella regione di Volgograd. Lì ho conosciuto i suoi vecchi compagni di scuola e ho chiesto loro del mio compagno d'armi. Sono stati loro a indicarmi dove abitavano la madre dell'eroe, Ksenâ Nikiforovna, il fratello e le sorelle. Seppure con più di vent'anni di ritardo, raccontai loro come Griša avesse combattuto fino all'ultimo contro gli efferati nemici e come avesse dato la vita per il nostro bene comune. Forse, con questo gesto ho compiuto il mio ultimo dovere nei confronti del valoroso compagno.

Noi siamo gente pacifica. Ora mio figlio Aleksandr fa il servizio militare. Impugna saldamente le armi e segue il consiglio che gli ho dato prima che andasse a fare il proprio dovere di cittadino sovietico. Ma se fosse necessario, anch'io imbraccerei di nuovo il fucile per difendere la mia amata madrepatria.

Ad ogni modo, speriamo che sopra la nostra terra fluttuino ancora nuvole di pace, che brilli un carezzevole sole, che su di essa cresca il grano, e che la brava gente possa continuare a vivere in pace.[p. 54]

ОГЛАВЛЕНИЕ

Черный эшелон — 24[3]

Друзья всюду — 28[5]

Первые тропы — 34[7]

Крестьянин Марио — 38[9]

Югославия или Италия? — 42[11]

Специальный груз — 48[14]

Голос родной земли — 52[15]

Наконец-то! — 56[17]

Засада — 62[19]

Неудача — 70[22]

Важная операция — 80[26]

Лицом к лицу — 88[29]

Наши помощники — 98[33]

Перед праздником — 104[35]

Друг — 114[40]

Радости и печали — 120[42]

Ночь в горах — 126[45]

Последнее сражение — 134[48]

Через двадцать лет — 140[51]

[p. 55]

INDICE

Il nero convoglio	25[3]
Circondati dagli amici	29[5]
I primi sentieri	35[7]
Il contadino Mario	39[9]
Jugoslavia o Italia?	43[11]
Un carico speciale	49[14]
La voce della madrepatria	53[15]
Finalmente!	57[17]
L'imboscata	63[19]
Un fiasco	71[22]
Un'importante operazione	81[26]
Faccia a faccia	89[29]
I nostri aiutanti	99[33]
L'anniversario	105[35]
Un amico	115[40]
Gioie e dolori	121[42]
Una notte sui monti	127[45]
L'ultima battaglia	135[48]
Vent'anni dopo	141[51]

[p. 55]

NOTE AL TESTO

[1] ADAMO ZANELLI, *La Resistenza nel forlivese*, F. Cappelli, Bologna, 1962, p. 186 e s. – N.d.T. Il testo riportato nella versione italiana è quello tradotto letteralmente dal russo. L'originale di Zanelli è leggeremente differente: «Molti di questi compagni partigiani sono periti, versando il proprio sangue sulla nostra terra, dando la vita per la loro e la nostra libertà. Nel loro cuore ardeva il fuoco della libertà ed essi hanno combattuto valorosamente al nostro fianco come fratelli. E noi di Romagna abbiamo sempre nel cuore il ricordo di Carini Antonio (Orsi) [sic], di Piacenza; del siciliano Salvatore Auria, del carabiniere Calogero; dei fratelli Bimbi e di Franco Ferri, insieme a molti altri come Winz [sic], cecoslovacco; l'austriaco Otto; Giorgio e Serughin [sic] Sergio, sovietici, caduti sulle nostre montagne. Essi sentivano che, lottando per la libertà in Romagna, combattevano perché liberi fossero tutti gli italiani e tutti gli uomini che in tutto il mondo combattevano contro la barbaria [sic], la prepotenza per una umanità risollevata e affratellata». Adamo Zanelli, durante il periodo resistenziale, ricopriva la carica di segretario politico della Federazione di Forlì del Partito comunista italiano. Per una sua breve biografia, cfr. FULVIO MALTONI, *Zanelli Adamo, Giovanni* in ISTITUTO DI STORIA DELL'UNIVERSITÀ DI URBINO, *Personaggi della vita pubblica di Forlì e circondario. Dizionario Biobibliografico, 1897-1987*, 2 Voll., a cura di LORENZO BEDESCHI – DINO MENGOZZI, QuattroVenti, Urbino, 1996, II, p. 908 e s.

[2] Sergej Sorokin nasce probabilmente attorno al 1920. Nel 1981 era sicuramente ancora vivo (Cfr. LUCIANO FOGLIETTA – BORIS LOTTI, *Tra "Bandi" e "Bande". Guerra sulla Linea Gotica*, Cooperativa Ricreativa e Culturale tra Reduci, Combattenti e Partigiani di Santa Sofia, Forlì, 1995, p. 136), ma non abbiamo trovato notizie più precise. Rientrato in Unione Sovietica, fu con ogni probabilità vittima del clima di sospetto che, sotto il regime staliniano, circondò gli ex prigionieri di guerra sopravvissuti e costretto a scontare qualche anno di confino in Siberia per poi essere "riabilitato". In Russia si sposò, come ci dice nell'ultima pagina di questo scritto, con il medico del suo villaggio, da cui ebbe un figlio (Aleksandr) e una figlia (Lûba), entrambi citati nel testo. Il suo primogenito fu però Lionel (Lionič) Sorokin, che Sergej ebbe da *Nadia,* nome di battaglia di Giuseppina ("Geppa") Venturini, giovane staffetta partigiana

(classe 1926), sua compagna fino al primo dopoguerra (ampiamente citata nel testo), morta a ottant'anni nel 2006. Per un profilo biografico di Nadia, cfr. GIAN LUIGI MELANDRI, *La partigiana "Nadia", amica di Alfonsine, prima "donna resistente"*, «Patria Indipendente. Periodico della Resistenza e degli ex combattenti», LV (2006), n. 8 (del 24 settembre 2006), «Cronache», pp. VII-VIII. Vedi anche *infra* nota n. 48.

[3] Villaggio rurale posto sulle rive del fiume Gniluša, nella parte meridionale dell'Oblast' di Voronež (Rajon di Verchnemamonskij), nella Russia europea meridionale. Nel luglio del 1966 cambiò nome in Lozov [traslitterato anche in Lozovoye].

[4] La guerra tra Unione Sovietica e Germania nazista scoppiò il 22 giugno 1941, con l'operazione Barbarossa. Alla fine dell'estate del '41 le truppe dell'Asse erano giunte a circa 400 chilometri da Mosca. Nell'autunno del 1941 fu lanciata l'operazione Tifone, in seguito alla quale le armate sovietiche si trovarono accerchiate in due grandi sacche nei pressi di Vâz'ma e Brânsk, finché a novembre i tedeschi presero Rostov e le porte del Caucaso. Ed è in questa fase che, sembra di capire, Sorokin fu fatto prigioniero. Fu solo con l'inverno del '41 che i sovietici riuscirono ad arrestare l'avanzata tedesca e ad avviare la prima controffensiva.

[5] Traslitterata anche in Vjaz'ma: città della Russia occidentale, dell'Oblast' di Smolensk, occupata dai tedeschi tra il 7 ottobre 1941 e il 12 marzo 1943. Era sede di due *lager* nazisti nei quali furono sterminati oltre ottantamila prigionieri. Durante la Battaglia di Mosca, fu uno dei luoghi di combattimento più aspro, restando quasi completamente distrutta. Un corrispondente di guerra americano, entrato nella Vâz'ma liberata, testimonierà di come fossero rimasti in piedi solo tre edifici e la popolazione si fosse ridotta da sessantamila a poco più di settecento abitanti (Cfr. QUENTIN REYNOLDS, *The Curtain Rises*, Random House, New York, 1944).

[6] Città della Russia occidentale, capoluogo dell'omonimo Oblast'. Nei suoi dintorni si svolse, nel luglio del '43, la battaglia di Kursk, che vide le truppe sovietiche prevalere su quelle tedesche.

[7] Seconda più popolosa città della Bielorussia (traslitterata anche in Homel'). All'inizio della guerra, un terzo della popolazione era costituita dai cinquantamila cittadini della comunità ebraica, quasi tutti sterminati durante l'occupazione nazista.

⁸ Vanno sicuramente presi con beneficio d'inventario i riferimenti geografici precedenti l'arrivo al campo di prigionia di Verona: è infatti da verificare quale fosse il percorso dei convogli che dal fronte orientale portavano in Italia. Va ricordato che, all'epoca, il confine orientale italiano comprendeva tutta la Venezia Giulia (inclusa la provincia di Fiume) e che, nel maggio 1941, l'Italia aveva annesso anche la provincia di Lubiana, con la conseguenza che il confine di Stato era molto più a est di quanto non sia oggi. Potrebbe quindi essere verosimile sia trascorsa un'intera notte di viaggio tra il confine e Trieste. Appare invece improbabile, così come descritta, la sosta a Trieste, poiché questa avrebbe implicato, oltre ad una laboriosa e non breve manovra di cambio trazione, un'inversione della direzione di marcia del treno difficilmente ignorabile. Rappresenta quindi una concreta possibilità che il convoglio sia arrivato in Italia via Brennero o, ancor più probabilmente, via Tarvisio. Con tali ipotesi diventerebbero più coerenti i riferimenti alle «alte montagne», ben visibili sia dalle stazioni altoatesine che da quella friulana. Si aggiunga l'assenza di ogni riferimento al mare, difficilmente compatibile con un effettivo passaggio del convoglio per Trieste.

⁹ Traslitterata anche Kumylženskaja: città della Russia del Volga.

¹⁰ Traslitterata anche Vëšenskaja: città della Russia europea meridionale, posta sulla riva sinistra del Don, a circa 350 Km a nord di Rostov.

¹¹ Città dell'Oblast' di Voronež, a ovest di Vešenskaâ.

¹² Traslitterato in cirillico e tradotto in russo nel testo; lett. "pane", "akva", "mangere" – N.d.T.

¹³ Traslitterato in cirillico e tradotto in russo *tovariš Georgij* nel testo – N.d.T.

¹⁴ Secondo Mauro Galleni, oltre ai nomi citati, avrebbero fatto parte del gruppo: «N. Karakaev, V. Osa[d]čij, Zubrinskij, Anatolin» (Cfr. MAURO GALLENI, *I partigiani sovietici nella Resistenza italiana*, Editori Riuniti, Roma, 1967, p. 169).

¹⁵ Lett. "vigliachi", traslitterato in cirillico nel testo – N.d.T.

¹⁶ In russo nel testo. Il testo originale della canzone recita invece: «Meli e peri erano in fiore, la foschia scivolava lungo il fiume. Sulla sponda camminava Katûša, sull'alta, ripida sponda...» – N.d.T.

[17] Si fa qui riferimento al fatto che la parola italiana "paese" presenta un'assonanza con la parola russa "poesia" (che si pronuncia per l'appunto "paèsia") – N.d.T.

[18] Variante meno diffusa del diminutivo Serëža, N.d.T.

[19] I piroscafi cui si fa riferimento, con ogni probabilità, sono quelli che collegavano le coste italiane con i territori istriani, dalmati e montenegrini all'epoca (siamo prima dell'8 settembre 1943) facenti parte del Regno d'Italia (province di Pola, Fiume, Zara, Spalato e Cattaro).

[20] Comune della provincia di Ferrara a una trentina di chilometri dal capoluogo e a una quarantina di chilometri da Ravenna, posto lungo la strada statale adriatica. La cittadinanza è stata decorata per la guerra di Liberazione con la medaglia d'argento al valor militare e quella d'oro al valor civile.

[21] Frazione del comune di Conselice, in provincia di Ravenna, posta, come Argenta, lungo la strada statale adriatica.

[22] Pereladov era un capitano dell'Armata Rossa divenuto comandante del "Battaglione russo" che partecipò alla liberazione di Montefiorino nel giugno del 1944 e fu aggregato, dall'agosto 1944, alla Brigata Garibaldi "Gramsci". «In provincia di Modena i partigiani stranieri furono [...] molto numerosi [...]. I sovietici sparsi nelle varie formazioni si riunirono [...] attorno a Vladimir Pereladov [...] il quale svolse una particolare azione di propaganda, anche scritta, per invitare i compatrioti prigionieri o incorporati nelle file tedesche a disertare e prendere la via dei monti (Cfr. Анатолий Тарасов, В горах Италии, Лениздат, Ленинград, 1960 | Anatolij Tarasov, *V gorah Italii*, Lenizdat, Leningrad, 1960; trad. it.: ID., *Sui monti d'Italia. Memorie di un garibaldino russo*, ANPI, Reggio Emilia, 1975; MAURO GALLENI, *I partigiani sovietici* cit., p. 191 e ss.; GUERRINO FRANZINI, *Gli stranieri nella Resistenza in Emilia Romagna* in *Ai partigiani stranieri in Emilia. Ai partigiani emiliani all'estero*, ANPI e Istituto Storico della Resistenza, Reggio Emilia, 1971, pp. 80-84; VLADIMIR PERELADOV, *Il battaglione partigiano russo d'assalto*, La Squilla, Bologna, 1975; MAURO GALLENI, *Ciao, russi. Partigiani sovietici in Italia, 1943-1945*, a cura di CARLO ISOPPI, Marsilio, Venezia, 2001, pp. 40, 104-114).

[23] «Nella "Bianconcini" gli stranieri erano circa settanta di cui una quarantina sovietici, al comando di V. Zurkov» (Così GUERRINO

FRANZINI, op. cit., p. 80). Cfr. anche MAURO GALLENI, *I partigiani sovietici* cit., p. 178.

[24] La denominazione "8ª" fu in realtà assunta dalla formazione solo in una seconda fase, a partire dal luglio 1944.

[25] L'espressione è in realtà dello scrittore e filosofo russo del periodo risorgimentale Alexander Herzen, che conobbe Garibaldi a Londra nel 1852, definendolo un personaggio «tolto di peso da Cornelio Nepote o da Plutarco [...], con la semplicità di un bambino e il coraggio di un leone».

[26] Abbreviazione di Советское информационное бюро | Sovetskoe informacionnoe bûro: Sovinformbûro. Fu, dal 1941 al 1961, la principale agenzia di stampa sovietica.

[27] Lett. "Bongiorno", traslitterato in cirillico nel testo - N.d.T.

[28] Lett. "Pasciomandrioli", traslitterato in cirillico nel testo col suono della "esse" romagnola – N.d.T. Il Passo dei Mandrioli è posto a 1173 metri s.l.m. ed è un passo di crinale che collega le valli del Savio e dell'Arno, ovvero il paese di Bagno di Romagna con la frazione Poppi di Badia Prataglia.

[29] Lett. "Libiro", traslitterato in cirillico nel testo – N.d.T. Nome di battaglia di Riccardo Fedel, comandante della brigata partigiana romagnola dalla fine di novembre 1943 ai primi di aprile 1944. Fu ucciso da una fazione di partigiani forlivesi per motivazioni e in circostanze mai chiarite, diverse settimane dopo la fine dei rastrellamenti di aprile del 1944. Cfr. GIORGIO FEDEL, op. cit.

[30] Libero era in realtà sergente maggiore e perseguitato antifascista sin dal 1926, quale «comunista pericoloso» (due volte condannato al confino politico; più volte incarcerato per motivi politici; sorvegliato strettamente ancora fino al luglio 1943). Cfr. GIORGIO FEDEL, op. cit.

[31] Lett. "mama", "santa madonna", traslitterate in cirillico nel testo – N.d.T.

[32] Lett. "destokomento", traslitterato in cirillico nel testo - N.d.T.

[33] Sulla presenza di partigiani jugoslavi nella formazione comandata da Sorokin, cfr. ANDREA MARTOCCHIA, *I partigiani jugoslavi nella Resistenza italiana. Storie e memorie di una vicenda ignorata,* Odradek, Roma, 2011, p. 203 e ss.

³⁴ Lett. "Žulis", traslitterato in cirillico nel testo - N.d.T. Si tratta di Salvatore Auria (citato *supra* a p. 25 e alla nota n. 1), nato a Sommatino in provincia di Caltanissetta nel 1916. Confinato politico alle Tremiti per propaganda antifascista. Liberato nell'agosto del 1943 con Adamo Zanelli, lo accompagna nel ritorno in Romagna, dove si unisce alla Resistenza, divenendo comandante di uno dei primi distaccamenti partigiani (il Gruppo Salvatore). Con la nomina di Libero comandante di brigata, ai primi di dicembre del 1943 assumerà il ruolo di commissario politico della brigata romagnola. Sarà ucciso in combattimento, nei pressi di Strabatenza, il 21 aprile 1944, nel corso dei rastrellamenti nazifascisti. Gli è stata conferita la medaglia d'argento al valor militare alla memoria. Cfr. ISTITUTO STORICO PROVINCIALE DELLA RESISTENZA DI FORLÌ, op. cit., II, p. 166.

³⁵ San Piero in Bagno era (ed è tuttora) la frazione ove ha sede il municipio del Comune di Bagno di Romagna (che all'epoca contava circa diecimila abitanti); il territorio comunale (ampio oltre 230 Km²) era parte della provincia di Forlì (oggi Forlì-Cesena) e comprende ventuno centri abitati (tra cui Strabatenza e Ridracoli) posti ad un'altitudine compresa tra tra i 339 e 1.500 metri s.l.m., situati in gran parte lungo la vallata del Savio. Santa Sofia, a 257 metri s.l.m., con un'estensione territoriale di quasi 150 Km², contava allora circa ottomila abitanti ed era da poco entrata a far parte della provincia di Forlì (assieme a tutta la cosiddetta Romagna toscana). Galeata si trova a circa sei chilometri a nord di Santa Sofia e contava circa quattromila abitanti. Bibbiena, distante circa 50 km da Santa Sofia e in provincia di Arezzo, aveva circa diecimila abitanti.

³⁶ Potrebbe trattarsi, come suggerisce Marco Renzi nell'Introduzione, del commissario prefettizio (facente funzioni di podestà) Italo Spighi. L'azione andrebbe però collocata al 17 gennaio 1944 e cioè in una data successiva rispetto alla narrazione di Sorokin. Andrebbe in ogni caso verificato cosa accadde al predecessore di Spighi, Carlo Buselli, rimasto podestà sino al novembre del '43.

³⁷ Lett. in russo: "misura sette volte e taglia una volta sola" – N.d.T.

³⁸ Sicuramente non si poteva trattare di Ernst Thälmann, segretario generale del Partito comunista di Germania (KPD) – nato il 16 aprile 1866, imprigionato nel 1933 e ucciso dalle SS a Buchenwald il 18 agosto 1944 – poiché aveva solo una figlia. È però probabile che il

tedesco Rudolf, pur autentico antinazista, abbia millantato ascendenze che potessero rassicurare i sovietici.

[39] Sono tutte località del fronte orientale attorno a Rostov, sul quale anche l'ARMIR (l'8ª Armata italiana) fu impegnata. Alcune di esse sono tristemente note per il numero di morti italiani.

[40] In Italia il latifondismo fu riformato, fino alla progressiva estinzione, con la riforma agraria del 1950, quindi l'uso del presente è dovuto al fatto che tale istituto era ancora in essere all'epoca dello svolgimento dei fatti narrati. All'atto della pubblicazione in Unione Sovietica del presente volume, nel 1969, il latifondo in Italia non esisteva già più. – N.d.T.

[41] Il riferimento potrebbe forse essere al Dipartimento del Corniolo, zona libera (o repubblica partigiana) istituita su iniziativa di Libero in quei mesi (Cfr. GIORGIO FEDEL, op. cit., p. 139 e ss.).

[42] Biserno (557 m.s.l.m.) è una frazione del Comune di Santa Sofia, a 8 km dal centro. Ridracoli (un tempo denominata Ridracoli-Seghettina) è una delle frazioni di Bagno di Romagna: un borgo di poche case a 476 metri s.l.m., oggi a breve distanza dalla diga sul Bidente e dal bacino artificiale di Ridracoli. Campodonato è una località compresa tra Corniolo e San Paolo (in Alpe), che era il luogo (posto su un altopiano) dove la Brigata Garibaldi Romagnola aveva predisposto un campo di lancio per ricevere aiuti dagli Alleati, come concordato tra *Libero* e i generali britannici Combe e Todhunter (Cfr. GIORGIO FEDEL, op. cit.). Campigna è oggi una piccola frazione di Santa Sofia, posta nel cuore del Parco Nazionale delle Foreste Casentinesi, Monte Falterona e Campigna, ad un'altitudine di oltre mille metri.

[43] L'anniversario dell'Armata Rossa cui si riferisce Sorokin è quello del 23 febbraio 1944.

[44] Antonio Carini era in realtà un membro del Comando generale delle brigate Garibaldi, quindi ricopriva un ruolo molto più rilevante di quello attribuitogli da Sorokin. Risulta tuttavia da altre fonti che Carini si movesse in incognito. Nato a Monticelli d'Ongina (Piacenza) nel 1902, è garibaldino in Spagna e confinato politico a Ventotene. Rappresenta il vertice militare e politico del Partito comunista italiano in Romagna. Viene catturato il 9 marzo 1944 dalle SS italiane di Giacinto Magnati che, dopo averlo torturato per giorni, lanciano il suo corpo orrendamente mutilato sul greto del Bidente, dal ponte dei Veneziani a Meldola, il 13 marzo 1944. A Carini fu

conferita la medaglia d'argento al valor militare alla memoria. Cfr. ISTITUTO STORICO PROVINCIALE DELLA RESISTENZA DI FORLÌ, op. cit., II, p. 172; GIORGIO FEDEL, op. cit., *passim*.

[45] Lett. "Gavroš", ma qui traslitterato "Gavroche" poiché, verosimilmente, il soprannome è collegato all'omonimo personaggio de *I Miserabili* di Victor Hugo (giovane monello di strada, molto furbo e smaliziato) – N.d.T.

[46] Lett. "Secundo", traslitterato in cirillico nel testo – N.d.T. Gerarca non meglio identificato.

[47] Secondo Mauro Galleni, il medico in questione era il dott. Giorgio Casaglia (Cfr. MAURO GALLENI, *I partigiani sovietici* cit., p. 170).

[48] Alessandro Venturini (Jodice), nato a Santa Sofia nel 1921, si era unito alla brigata Garibaldi romagnola nel gennaio del 1944 e divenne commissario politico del distaccamento comandato da Sorokin, dopo la morte di Salvatore Auria (Cfr. ISTITUTO STORICO PROVINCIALE DELLA RESISTENZA DI FORLÌ, op. cit., II, p. 201). Sua sorella Giuseppina (classe 1926), fu infermiera, cuoca e staffetta partigiana col nome di Nadia. Una celebre foto (utilizzata anche per la copertina del romanzo di Silvia Di Natale edito da Feltrinelli e ispirato alle vicende della brigata partigiana romagnola: *L'ombra del cerro*, Feltrinelli, Milano, 2005) la ritrae, giovanissima, con in pugno un fucile in cima a un crinale. Durante la Resistenza divenne la compagna di Sorokin, dal quale ebbe, nel gennaio del 1945 (come accennato *supra* alla nota n. 2) un figlio: Lionič (Lionel) Sorokin. Stando a quanto scrive Gian Luigi Melandri (op. cit.), si sarebbe sposata con Sergej a Roma nel 1945 all'ambasciata sovietica, ma non poté (o non volle) seguirlo in URSS. La cortina di ferro li costrinse a interrompere ogni rapporto per vent'anni, ed entrambi si risposarono. Dal secondo matrimonio, *Nadia* ebbe una figlia (Kitty) che le diede delle nipoti, ma morì prematuramente. *Nadia* fu militante del Partito comunista italiano, attivista femminista ed esponente di spicco dell'ANPI. Morì a Santa Sofia il 27 luglio 2006. Una sua testimonianza sul periodo trascorso in brigata e sul rapporto con Sorokin (col quale non dice però di esser stata sposata) è riportata in LUCIANO FOGLIETTA – BORIS LOTTI, op. cit., pp. 109-110 e 134-136; a p. 137, una foto la ritrae accanto a Sorokin, presso l'ambasciata sovietica a Roma nel 1945.

[49] Anche un partigiano sloveno, tal Lojze Bukovac, membro del distaccamento comandato da Sorokin, testimonierà a Spartaco

Capogreco di essere stato salvato dall'intervento di questo Rudolf: «Ricordo un compagno di nome Rudi (un tedesco di Colonia disertore della Wehrmacht), che durante l'attacco nazista [dell'aprile 1944] mi ha salvato la vita» (Cfr. CARLO SPARTACO CAPOGRECO, *Renicci. Un campo di concentramento in riva al Tevere,* Fondazione Ferramonti, Cosenza, 1998 [edito anche da Mursia, Milano, 2003], pp. 81-84, citato in ANDREA MARTOCCHIA, op. cit., p. 205. L'Ordine della Stella Rossa era una decorazione militare dell'Unione Sovietica (istituita nel 1930), conferita per "azioni eccezionali".

[50] Si tratta, con ogni probabilità, di Corniolo.

[51] Lett: "vita", "vittoria", traslitterate in cirillico nel testo – N.d.T.

[52] Antonio Carini è più noto col nome di battaglia di *Orsi,* ma Sorokin non è l'unica fonte a chiamarlo ORSO (lo stesso fanno, ad es., Umberto Macchia e Renato Giachetti, esponenti di vertice del PCI). L'attenzione che Sorokin dimostra per il *suono* delle parole italiane (cfr. ad es. *supra* le note n. 17 e 28) lascia credere che non si possa essere sbagliato, specie considerando come arrivi addirittura a correggere la citazione di Zanelli riportata in apertura. Su Carini, cfr. *supra* la nota n. 44.

[53] Si tratta dell'Eremo di Camaldoli.

[54] Località del comune di Santa Sofia, ai margini della Foresta di Campigna, nei pressi del Monte Falterona.

[55] Traslitterato in cirillico nel testo - N.d.T.

[56] Si tratta di *Pietro,* nome di battaglia di Ilario Tabarri. Nel suo *Rapporto Generale,* Tabarri non risparmia critiche ai «russi» (Cfr. NICOLA FEDEL – RITA PICCOLI, *Saggio introduttivo all'edizione critica del Rapporto Tabarri,* Fondazione Comandante Libero, Milano, 2013).

[57] Lett. "Terso", traslitterato in cirillico nel testo – N.d.T. Dovrebbe trattarsi di Terzo Larice (Tigre), dal maggio 1944 commissario politico del 2° battaglione dell'8ª brigata (Cfr. ISTITUTO STORICO PROVINCIALE DELLA RESISTENZA DI FORLÌ, op. cit., II, p. 184). Il commissario di brigata divenne, almeno dal 15 maggio 1944, Pietro Reali (Bernardo). Va notato inoltre che, in tutto il testo, non si fa mai il nome di Guglielmo Marconi (Paolo), pur vice-commissario di brigata, prima, e comandante della seconda zona dell'8ª brigata, poi.

[58] Georgij Ilič Pristanskov nacque a Kransopolov il 7 maggio 1923 e morì a Le Basse di Villa Serraglio il 10 settembre 1944, dove stava combattendo nelle fila della 28ª Brigata, alla quale si era unito (con

Denisov) nel luglio del '44. Nel 1978 gli venne conferita la medaglia d'argento al valor militare alla memoria. A Conselice, nel 1981, venne posta una lapide commemorativa nel luogo della sua morte. Cfr.: MAURO GALLENI, *Ciao, russi* cit., p. 98; ALEKSANDER PROKHOROV, *I grani del frumento russo in terra italiana,* radiocorrispondenza per «La Voce della Russia» del 21 maggio 2010.

59 L'affermazione di Sorokin non corrisponde al vero: Forlì fu liberata dai britannici (gli americani erano sul fronte tirrenico e non su quello adriatico), senza l'ausilio dei partigiani dell'8ª brigata, disarmati prima di essere autorizzati a sfilare per le vie della città. È possibile si tratti di una confusione involontaria, così come di una consapevole "censura".

60 Il riferimento è a Nikolaj Âkovlev [Jakovlev], che si occupò anche dei prigionieri italiani in URSS (Cfr. MARIA TERESA GIUSTI, *I prigionieri italiani in Russia,* Il Mulino, Bologna, 2003).

61 «Degli undici sovietici fuggiti da Verona assieme a Sorokin, tre: Ivan Čerkasov, Dan[i]l Sosedka e Nikolaj Černous, si unirono alle formazioni partigiane operanti nella provincia di Modena qualche tempo dopo il rastrellamento di aprile. Černous divenne vice comandante del "Battaglione russo", comandato da Vladimir Pereladov [cfr. *supra* nota n. 22], alle dipendenze della divisione Garibaldi "Modena". Georgij Pr[in]stan[s]kov cadde a Conselice assieme a un suo connazionale di nome Ivan Serebrianskij. Qualche altro ritornò nell'URSS». Così MAURO GALLENI, *I partigiani sovietici* cit., p. 171. Tra i rimpatriati, sembra esserci stato anche «Wassilj Casin [*recte* Vasilij Kozin] (Wassili), n. Rostov (URSS), 1.1.1923 [...]. Il 10.10.44 viene inviato nelle retrovie, per ordine del Comando alleato [...]» (Cfr. ISTITUTO STORICO PROVINCIALE DELLA RESISTENZA DI FORLÌ, op. cit., II, p. 173, *ad nomen*).

62 Nuova denominazione assunta negli anni '60 dal villaggio di Verhnââ Gniluša (cfr. *supra* nota n. 3).

63 Aleksej Fëdorovič Fëdorov, decorato due volte come eroe dell'Unione Sovietica (nel 1942 e nel 1944) e sei volte con l'Ordine di Lenin (Cfr. <http://en.wikipedia.org/wiki/Oleksiy_Fedorov> [visto il 21 dicembre 2013]).

64 Sembra, in effetti, che due partigiani sovietici noti coi nomi di "Giorgio" e "Serghej", inquadrati nella "Bianconcini", siano morti il 10 ottobre 1944 nei pressi di Cà di Malanca, nel bolognese. Probabilmente, Zanelli li identificò in Sorokin e Prinstanskov, che

invece erano, rispettivamente, sopravvissuto e già deceduto (Cfr. MAURO GALLENI, *I partigiani sovietici* cit., p. 180 e s.; GUERRINO FRANZINI, op. cit., p. 80).

[65] «Dal Monte Ciro, "Tarzan", da Paolo e Antonia Francesconi; n. il 10/12/1926 a Cotignola (RA); ivi residente nel 1943. Licenza elementare. Operaio. Militò nella 8a brg Garibaldi e operò sull'Appennino forlivese. Rimase ferito il 12/4/44 nel combattimento di Monte Falterona. Ristabilitosi, nell'agosto 1944 si unì alla 36a brg Bianconcini Garibaldi nella quale assunse la carica di comandante di squadra. Dopo aver partecipato ai combattimenti di Cà di Malanca e di S. Maria Purocelo del 10/10/44, ritornò in pianura e si mise a disposizione dei dirigenti del CLN locale». Così ALESSANDRO ALBERTAZZI, LUIGI ARBIZZANI, NAZARIO SAURO ONOFRI (a cura di), *Dizionario biografico online. Gli antifascisti, i partigiani e le vittime del fascismo nel bolognese: 1919-1945, ad nomen.* Dal Monte pubblicò *Una lucciola nel sole della libertà*, Bagnacavallo, Scot, 1966. In cirillico, il suo nome è traslitterato erroneamente "Delmonte".

[66] Lionič è, quasi certamente, il figlio di Nadia e Sergej. Sembra, questo, essere una sorta di messaggio "in codice" inserito nel libro per sfuggire alla censura. Sappiamo infatti che, dopo la visita in Italia, Sergej Sorokin riuscì a riallacciare i rapporti col figlio all'epoca già ventenne e che Lionič ebbe modo più volte di andare a trovare il padre in Unione Sovietica (Cfr. GIAN LUIGI MELANDRI, op. cit.). Il riferimento a «Gianpaolo» resta oscuro.

BIBLIOGRAFIA

Alessandro Albertazzi, Luigi Arbizzani, Nazario Sauro Onofri (a cura di), *Dizionario biografico online. Gli antifascisti, i partigiani e le vittime del fascismo nel bolognese: 1919-1945*
<http://www.iperbole.bologna.it/iperbole/isrebo/strumenti/D.pdf> [visto il 21/12/2013])

Carlo Spartaco Capogreco, *Renicci. Un campo di concentramento in riva al Tevere*, Fondazione Ferramonti, Cosenza, 1998 [edito anche da Mursia, Milano, 2003]

Ciro Dal Monte (Tarzan), *Una lucciola nel sole della libertà*, Bagnacavallo, Scot, 1966

Silvia Di Natale, *L'ombra del Cerro*, Feltrinelli, Milano, 2005

Giorgio Fedel, *Storia del Comandante Libero. Vita, uccisione e damnatio memoriae del fondatore della Brigata partigiana romagnola*, Fondazione Comandante Libero, Milano, 2013

Nicola Fedel – Rita Piccoli, *Saggio introduttivo all'edizione critica del Rapporto Tabarri. «Rapporto generale sull'attività militare in Romagna dall'8-9-43 al 15-5-44»*, Fondazione Comandante Libero, Milano, 2013 | e-book
<http://www.lulu.com/it/it/shop/nicola-fedel-and-rita-piccoli/saggio-introduttivo-alledizione-critica-del-rapporto-tabarri/ebook/product-20988551.html>

Luciano Foglietta – Boris Lotti, *Tra "Bandi" e "Bande" (Guerra sulla Linea Gotica)*, Cooperativa Ricreativa e Culturale tra Reduci, Combattenti e Partigiani di Santa Sofia, Forlì, 1995

Guerrino Franzini, *Gli stranieri nella Resistenza in Emilia Romagna* in *Ai partigiani stranieri in Emilia. Ai partigiani emiliani all'estero*, ANPI – Istituto Storico della Resistenza, Reggio Emilia, 1971

Mauro Galleni, *I partigiani sovietici nella Resistenza italiana*, Editori Riuniti, Roma, 1967

Mauro Galleni, *Ciao, russi. Partigiani sovietici in Italia, 1943-1945*, a cura di Carlo Isoppi, Marsilio, Venezia, 2001

DOMENICO GALLO – ITALO POMA, *Storie della Resistenza*, Sellerio, Palermo, 2013

MARIA TERESA GIUSTI, *I prigionieri italiani in Russia*, Il Mulino, Bologna, 2003

NATALE GRAZIANI, *La prima Resistenza armata in Romagna. Autunno 1943, primavera 1944*, Fondazione Comandante Libero, Milano, 2010

ISTITUTO STORICO DELLA RESISTENZA DI FORLÌ, *L'8.a Brigata Garibaldi nella Resistenza*, a cura di DINO MENGOZZI, 2 voll., La Pietra, Milano, 1981

FULVIO MALTONI, *Zanelli Adamo, Giovanni* in ISTITUTO DI STORIA DELL'UNIVERSITÀ DI URBINO, *Personaggi della vita pubblica di Forlì e circondario. Dizionario Biobibliografico, 1897-1987*, a cura di LORENZO BEDESCHI – DINO MENGOZZI, 2 voll., QuattroVenti, Urbino, 1996, II, p. 908 e s.

ANDREA MARTOCCHIA, *I partigiani jugoslavi nella Resistenza italiana. Storie e memorie di una vicenda ignorata*, Odradek, Roma, 2011

GIAN LUIGI MELANDRI, *La partigiana "Nadia", amica di Alfonsine, prima "donna resistente"*, «Patria Indipendente. Periodico della Resistenza e degli ex combattenti», LV (2006), n. 8 (del 24 settembre 2006), «Cronache», pp. VII-VIII
<http://www.anpi.it/media/uploads/patria/2006/8/INSERTO_07-8_Ravenna.pdf> [visto il 21/12/2013])

VLADIMIR PERELADOV, *Il battaglione partigiano russo d'assalto*, La Squilla, Bologna, 1975;

ALEKSANDER PROKHOROV, *I grani del frumento russo in terra italiana*, radiocorrispondenza per «La Voce della Russia» del 21 maggio 2010
<http://italian.ruvr.ru/2010/05/21/8240851.html> [visto il 21/12/2013]

MARCO RENZI, *L'immagine e la storia. Approfondimenti sull'infermeria delle Capanne e sull'eccidio del ponte Otto Martiri* in IVAN TOGNARINI (a cura di), *L'Appennino del '44. Eccidi e protagonisti sulla linea gotica*, Le Balze, Montepulciano, 2005

Marco Renzi, *La strage di Fragheto (7 aprile 1944). Nuove verità, reticenze, contraddizioni*, Società di studi storici per il Montefeltro, San Leo, 2007

Marco Renzi, *Appennino 1944: arrivano i lupi! Atti e misfatti del IV battaglione di volontari nazifascisti fra Toscana, Marche e Romagna*, Il Ponte Vecchio, Cesena, 2008

Marco Renzi, *Tavolicci 22 luglio 1944. Protagonisti e retroscena di una strage nascosta*, Il Ponte Vecchio, Cesena, 2008

Quentin Reynolds, *The Curtain Rises*, Random House, New York, 1944

Анатолий Тарасов, *В горах Италии*, Лениздат, Ленинград, 1960 | Anatolij Tarasov, *V gorah Italii*, Lenizdat, Leningrad, 1960; trad. it.: Id., *Sui monti d'Italia. Memorie di un garibaldino russo*, ANPI, Reggio Emilia, 1975

Adamo Zanelli, *La Resistenza nel forlivese*, F. Cappelli, Bologna, 1962

INDICE ANALITICO

8ª brigata   7; 12; 15; 16; 23; 55; 63; 139; 154; 158; 159; 160
Appennino   14; 16
Argenta   53; 152
Armata Rossa   25; 31; 83; 89; 91; 105; 107; 109; 111; 135; 153; 156
AURIA, Salvatore   25; 73; 75; 77; 79; 83; 150; 155; 157
Badia Tedalda   11
Belgorod   27
Bibbiena   71; 73; 81; 107; 127; 155
Biserno   107; 156
Brigate Mazzini   53
BRUNO   13; 59; 61
Brusilov   105
Camaldoli   12
Campigna   81; 105; 107; 127; 156
Carabinieri   15; 33; 35; 37; 41; 49; 63; 65; 67; 69; 75; 77; 79; 81; 85; 87; 89; 91; 93; 95; 97; 99; 115; 125
CARINI, Antonio   25; 107; 123; 127; 156; 157; 158
ČERNOUS, Nikolaj   33; 39; 47; 55; 73; 79; 85; 93; 131; 159
Conselice   137; 139; 145; 153; 159
DAL MONTE, Ciro   109; 145; 160
DENISOV, Ivan   33; 35; 85; 159
DUCE   Vedi MUSSOLINI, B.
Fascisti   12; 14; 37; 41; 43; 49; 53; 55; 63; 65; 69; 73; 83; 93; 95; 97; 99; 103; 107; 109; 111; 115; 117; 119; 121; 125; 127; 133; 135; 139; 147
FEDEL, Riccardo   16; 15; 37; 63; 65; 67; 69; 125; 129; 154; 155; 156
FËDOROV, Aleksej   143; 159
Ferrara   13; 35; 43; 49; 153
Fiat   55
Firenze   23; 55; 145; 147
Foglia   14

Forlì   12; 37; 47; 53; 81; 105; 107; 113; 123; 125; 127; 139; 145; 150; 155; 157; 158
Fragheto   14; 16
Galeata   15; 71; 105; 107; 109; 111; 125; 127; 155
GARIBALDI   12; 13; 23; 55; 63; 109; 139; 145; 153; 154; 155; 156; 157; 158; 159; 160
GAVROCHE   Vedi OSADČIJ, V.
GEORGIJ Vedi PRISTANSKOV, G.
Germania   29; 45; 151; 156
GIORGIO Vedi PRINSTANSKOV, G.
GIULIO   Vedi AURIA, S.
Gomel'   27
GÖRING, Divisione   127
GRIŠA Vedi PRISTANSKOV, G.;
HANS   83; 85; 111
HITLER, Adolf 14; 29; 43; 59; 75
Italia   12; 13; 16; 27; 39; 43; 45; 47; 53; 61; 105; 107; 109; 111; 143; 145; 147; 149; 152; 153; 154; 156; 160
JOSEF   83; 99
Jugoslavia   29; 43; 45; 47; 149
Kantemirovka   31; 95; 97
KATÛŠA, canzone 43; 69; 71; 153
KESSELRING, Albert   11; 16; 127
Kirovograd   107
Kornin   105
KOZIN, Vasilij   33; 39; 41; 159
Kremenčuk   107
Kumylženskaâ   31; 147
LARICE, Terzo   135; 158
Lavezzola   53; 57; 59
LIBERO   Vedi FEDEL, R.;
Linea Gotica   11; 14
LONGO, Luigi   145
LOTTI, Boris   11; 16
Lozov   Vedi Verhnââ Gniluša

169

MALYŠEV, Pëtr   33; 39; 47; 49;
    73; 93; 95; 97; 109; 121; 139
Marche   11; 14
Marecchia   14; 16
MARIO 13; 37; 39; 41; 43; 45; 47;
    49; 149
Milano   7; 13; 16; 55; 156
Millerovo   95; 97
Monte Fumaiolo   12
Mosca   7; 37; 41; 57; 59; 95; 105;
    107; 125; 150; 151
MUSSOLINI, Benito   33; 43; 59;
    69
NADIA Vedi VENTURINI, G.
NANNI, Giordano   123; 145
Nazisti 43; 57; 73; 81; 85; 99; 103;
    107; 109; 125; 127; 135; 151
Nevel'   107
ORSO   Vedi CARINI, A.
OSADČIJ, Vasilëk 111; 152; 155
Partigiani   7; 11; 12; 13; 15; 16;
    23; 25; 29; 33; 35; 39; 41; 43;
    45; 53; 57; 63; 65; 67; 69; 71;
    75; 77; 85; 91; 97; 99; 101;
    103; 107; 109; 111; 113; 119;
    125; 127; 129; 131; 135; 145;
    147; 150; 153; 154; 155; 157;
    159; 160
Partito repubblicano   53
Passo dei Mandrioli   12; 61; 63;
    71; 105; 154
Passo del Carnaio   14
PEDRO/PIETRO Vedi
    TABARRI, I.
PERELADOV, Vladimir 55;
    153; 154; 159
Pian del Grado   131; 135
Popel'nâ   105
PRISTANSKOV, Georgij 7; 16;
    17; 23; 25; 31; 33; 35; 37; 39;
    41; 45; 47; 51; 55; 61; 65; 69;
    73; 81; 83; 87; 89; 91; 93; 95;
    97; 103; 111; 115; 121; 123;
    125; 129; 133; 137; 139; 145;
    147; 152; 159;
Radomišl'   105
Ravenna   107; 137; 145; 153

Resistenza   7; 12; 13; 16; 19; 23;
    25; 33; 47; 53; 55; 59; 63; 107;
    125; 127; 129; 145; 147; 150;
    153; 155; 157; 158; 159
RICO, Padre   13; 59; 61
Ridracoli   107; 154
Romagna   11; 12; 13; 14; 16; 23;
    25; 150; 153; 154; 155; 156;
    157
Ronco   127
Rossoš   95
Rostov   141; 151; 152; 155
RUDOLF   83; 85; 87; 89; 91; 93;
    99; 109; 111; 115; 117; 119;
    121; 123; 129; 156; 158
Russia   11; 13; 16; 41; 43; 45; 59;
    93; 150; 151; 152; 159
San Paolo in Alpe   71; 75; 107;
    109; 129; 135; 156
San Piero in Bagno   15; 71; 73;
    75; 79; 81; 85; 89; 93; 99; 107;
    127; 155
Santa Sofia   7; 63; 71; 105; 107;
    115; 125; 127; 150; 155; 156;
    157; 158
Savio (fiume)   14; 16; 154; 155
SERGIO Vedi SOROKIN, S.;
SOROKIN, Sergej 7; 11; 12; 13;
    15; 16; 19; 21; 23; 25; 37; 53;
    75; 79; 83; 87; 95; 97; 119;
    121; 125; 129; 135; 139;
    143;145; 150; 151; 155; 156;
    157; 158; 159; 160
SOSEDKA, Danil   33; 39; 85;
    159
Sovinformbûro   57; 105; 155
SPIGHI, Italo   15; 155
Staraâ Kalitva   95
TABARRI, Ilario   135; 158
Tavolicci   14
Tevere   14; 158
TARZAN Vedi DAL MONTE,
    C.
TERZO/TIGRE Vedi LARICE,
    T.
TOGLIATTI, Palmiro   145
Toscana   11; 14; 23

Trieste 29; 152
URSS 97; 139; 157; 159
ÛŜENKO, Valentin 21; 23
VATUTIN, Nikolaj 105
Vâz'ma 27; 151
VENTURINI, Alessandro 16; 119; 157
VENTURINI, Giuseppina (Nadia) 7; 16; 17; 119; 121; 123; 129; 133; 145; 151; 157; 160
Verhnââ Gniluša 25; 31; 59; 159
Verona 29; 152; 159
VINCENT 25; 83; 87; 89; 91; 99; 109; 115; 117; 119; 121; 129
Voronež 21; 23; 141; 143; 151; 152
ZANELLI, Adamo 25; 145; 150; 155; 158; 160
Žitomir 105
Znamianka 107
ŽORKA *Vedi* PRISTANSKOV, G.;
ŽUKOV-ŽURKOV, Vladimir 55

Finito di stampare nel mese di dicembre 2013 da
Lulu Press Inc. | 3101 Hillsborough St. | Raleigh, North Carolina 27607 | USA
per conto della Fondazione Riccardo Fedel – Comandante Libero
Piazza Antonio Gramsci, 12 | 20154 Milano | Italia

www.ingramcontent.com/pod-product-compliance
Lightning Source LLC
Chambersburg PA
CBHW051758040426
42446CB00007B/422